4차 산업혁명 시대의 기업은 어떤 인재를 원하는가?

4차 산업혁명 시대의
기업은 어떤 인재를 원하는가?

지은이_ 박창동
펴낸이_ 한연우
펴낸곳_ 도서출판 아테나북스

초판 1쇄 인쇄_ 2023년 6월 14일
초판 1쇄 발행_ 2023년 6월 21일

주소_ 경기도 고양시 일산동구 산황로 178-18, 201호
전화_ 편집부 (031)968-2119 영업부 (010)4010-2119
팩스_ (050)4004-2119
등록_ 2004.06.03. 제395-2004-000052호

ⓒ 박창동
Printed in Korea
ISBN 978-89-93321-12-8 03320
정가 18,000원

* 이 책은 저작권법에 의하여 보호를 받는 저작물이므로
  무단전재와 복제를 금합니다.
* 파본은 본사나 구입하신 서점에서 교환해 드립니다.

4차 산업혁명 시대의
기업은 어떤 인재를 원하는가?

박 창 동 지음

아테나북스

프롤로그

노마드형으로의 자기 혁신과
경험을 넘어 통찰력으로 승부하라

4차 산업혁명과 채용의 변화

학력(academic background)의 위상이 예전처럼 의기양양하지도 않을 뿐 아니라 화려함도 잃어버렸다. 어느새 슬그머니 자세를 낮추고 있다. 한때 스펙 11종까지 치솟던 그 당당한 모습은 찾아 볼 수 없다. 취업 문턱을 넘으려면 스펙 9종은 되어야 한다고 했던 때가 불과 몇 년 전인데 이제는 '뭘 해 봤는데?'와 같은 경험이 대세이다.

챗 GPT가 조만간 개인 비서를 자처하는 시대이기에 과거형의 학력과 스펙은 더 이상 설 자리가 없어지고 있다. 4차 산업혁명이 바꿔 놓은 또 하나의 변화이다.

4차 산업혁명 시대는 고정관념에서 벗어나야 한다. 그래야만 하는 이유는 바로 4차 산업혁명의 기반이 되는 '디지털 환경'이 시공간의 제약을 허물뿐 아니라, 일방통행의 수직적이며 단방향 소통에서, 수평적이며 쌍방향 소통의 기틀을 제공하기 때문이다. 디지털 사회의 도래는 어제 알던 지식이나 경험으로 오늘을 설명하기에는 버거워졌다. 옳고 그름과 같은 이원론적 판단 기준은 의미를 상실했다. 새롭게 접근해야 하고 어제와 다른 새 판을 짜야 한다.

디지털은 2020년도 최고경영자들이 꼽은 신년사 화두 중 하나였다. 예상치 못했던 코로나는 '디지털 사회' 진입을 더욱 가속화시켰다. 디지털 경제로의 급속한 전환은 한 편의 SF 영화를 보는 것처럼 상상 이상의 변화를 가져왔으며, 기업이나 개인에게 위기이자 기회로 다가왔다. 글로벌 상위 총액 10위 이내의 절반은 플랫폼을 운용하는 기업이다.

제조업 중심의 3차 산업혁명 시대와는 다른 세상이다. 21세기에는 제품 구매를 위해 소비자가 장소를 이동하는 시대가 아니다. 택시를 타려면 '택시플랫폼', 배달이 필요하면 '배달플랫폼', 구매대금을 결제할 때에는 '전자지갑 플랫폼'을 이용하면 된다. 디지털은 굳이 다른 장소까지 이동해야 하는 수고로움을 덜어준다. 오히려 동 시간대에 전국 어디든지 달리는 플랫폼을 적극 활용하기만 하면 된다.

기업은 소비방법이 기존과 확연한 차이가 있음을 인정해야 하고, 기업이든 개인이든 변화하는 환경에 적응하고 생존하기 위해 부단한 노력을 다해야 한다. 그 일환으로 사고의 자유분방함, 협업과 소통이 되는 창의적 인재가 요구되는 요즘이다.

해가 뜨면 하루가 시작하는 자연의 시간에 기대왔던 '농경적 근면'으로 무장된 '개미형 인재'에게 기업의 미래를 맡기기에는 버거워졌다. '어떤 일을 맡겨도 잘 할 인재'는 과거형이다. 현재형이자 미래형은 '노마드(nomad)형 인재'이다. 소위 '협력하는 괴짜'에게 기업의 미래를 맡기겠다는 것이다.

4차 산업혁명과 '노마드형(nomad)형 인재'

왜 기업은 '노마드(nomad)형 인재'를 찾을까? '노마드형 인재'란 뭘까? '노마드형 인재'가 되기 위해 무엇을 어떻게 해야 하나? 이 물음에 답을 할 수 있다면 자신을 가로막을 장애물은 없을 것이다.

'노마드(nomad)'는 '유목민'을 뜻한다. 초원을 힘차게 달리는 유목민은 '정착'보다 가장 적합한 환경을 찾아 '유랑'하며 살아간다. 정해진 규칙이나 기준에 갇혀 있기보다 환경에 최적의 방법을 찾는 4차 산업혁명 시대에 가장 잘 어울리는 단어 중 하나이다.

기업은 살아남기 위해 인재상을 비롯한 채용 제도의 대대적 변신을 도모하고 있다. 4차 산업혁명은 경영환경에 엄청난 변화를 가져왔을 뿐 아니라, 지금까지 믿고 의지해 왔던 모든 것을 송두리째 바꿀 만큼 위력이 대단하다. 아울러 그 어느 때보다 불확실성의 골이 깊어졌고 끝이 보이지 않아 시시각각으로 위협의 요인으로 다가온다. 따라가기가 버거울 정도의 기하급수적 변화는 두려움을 넘어 무서움으로 다가온다.

소비시장은 공급자에서 소비자로 이미 전환되었다. 소비 패턴은 소품목 대량 생산에서 다품목 소량생산 형태로 기업의 생산 방법을 소비자 맞춤형으로 탈바꿈시켰다. 이에 기업은 이익 구조가 종전과 달라졌다. 대량 생산의 장점은 무너졌고, 원자재 가격 상승과 인건비 인상 등 이중 삼중으로 부담이 가중되고 있는 것이 현실이다.

이러한 불확실성과 위험에서 벗어날 수 있는 방법은 뭘까? 바로 '노마드형 인재'에서 길을 묻고 걷기 시작했다. 기존 환경에 정착하지 않을 뿐 아니라 익숙함에 의존하지 않으며, 변화하는 경영환경에 맞춰 새로운 역량을 갖추기 위해 끊임없이 진화하는 인재에 답이 있다고 판단하는 것이다.

삼성전자는 '세상을 바꿀' 인재 영입과 양성에 몰입하고 있다. 구글의 성공비결 중 하나는 채용에서 찾아 볼 수 있다. 채용이 인사(human resource) 업무의 90%를 차지할 만큼 채용의 중요성을 부각시키면서 소중하게 다룬다. 기업은 기술변혁의 속도가 빠르면 빠를수록 인재 경영에 온 역량을 쏟아 붓는다.

'모든 것이 변한다'고 하지만, 기업경영에서 변하지 않는 것을 꼽는다면 '인사(人事)는 만사(萬事)'라는 명제이다. '인사만사'의 세 가지 충족요건은 적재(right talent)·적소(right position)·적시(right time)이며, 채용은 이 세 가지 충족요건을 만족시킬 수 있는 첫 관문이다.

채용은 조직의 생존과 직결되는 아주 중요한 절차 중 하나이다. 삼성전자나 구글처럼 글로벌 기업들이 채용에 정성을 들이는 이유는 미래 경쟁력을 선점하고 강화하기 위함이다. 인재의 중요성이 그 어느 때보다 높아지고 있다.

기업도 구직자도 변해야 산다!

기업도 구직자도 모두 그 어느 때보다 힘든 시기를 보내고 있다. 어렵게 채용했지만 1년 이내에 퇴사하는 신입사원이 10명 중 4명이 넘는다. '구인'과 '구직'의 어려움이 동시대에 공존하면서 양극화는 더욱 심해지고 있다.

기업의 구인 양상은 구직보다 더 뜨겁다. 인재전쟁(talent war)이다. 기업은 매일 살얼음판을 걷는다. 창의적이고 협력하는 괴짜 한 명이 십만 명을 먹여 살린다는 '인재 경영'이 그 어느 때보다 설득력을 얻는다. 기업의 미래를 설계하고 만들어 갈 괴짜를 찾기 위해 혈안이다. 미국 심리학자 앤더스 에릭슨의 '일만 시간의 법칙'도 진화하고 있다. '일만 시간'이라는 양적 개념에서 '얼마나 올바르게'라는 질적 개념으로 한 차원 승격되었다. 기업도 구직자도 변화하는 환경에 적극적으로 대응해야만 생존할 수 있다.

구직자는 희망 기업의 발전사를 분석하고 이해하는 것이 우선이다. 지원 직무와 연관성이 높은 경력이나 경험을 쌓는 것도 게을리해서는 안 된다. 인사부문은 팬데믹 이전과 비교하면 180도 달라졌다. 그 만큼 디지털과 팬데믹이 경영환경에 미친 영향은 상상 이상으로 크다. 지금 기업의 채용 내용을 살펴보면 어제와 다른 기준으로 인성과 역량을 바라보고 있다. 기업이 필요로 하는 역량이 무엇이고 왜 필요한지 분석하고 자기만의 적합한 경험을 만들어 가는 과정이 필요하다.

몸이 아플 때 병원에 가는 이유는 제대로 빨리 치료하기 위함이다. 치료는 정확한 진단을 전제로 한다. 구직도 마찬가지이다. 지원하고자 하는 기업이 왜 변하고 있는지, 지원 직무의 트렌드는 어떠한 것인지 사전조사와 이해가 선결되어야 한다. 산업환경과 경영환경이 어떻게 진화하고 있는지를 파악해야 적합한 경험과 경력을 제시할 수 있다.

상식을 넘어서보자!

재해석되고 있는 이솝우화 '개미와 베짱이'에 주목해 보자. 성실과 근면함의 가르침에서 빠지지 않는 것이 '개미와 베짱이'이다. 개미는 평소 부지런하게 움직이므로 먹을 것 걱정 없이 겨울을 풍요롭게 보낸다. 반면에 게으름의 대명사인 베짱이는 한 겨울 먹을 것이 없어 동냥하는 처량한 신세로 서술되어 있다.

평소 시원한 바람이 부는 그늘 아래에서 노래를 부르는 베짱이의 모습을 보고 단지 게을렀다고만 판단하는 것은 4차 산업혁명 시대에서는 올바른 평가라고 할 수 없다. 베짱이에게 '소확행'을 대입하면 어떤 결과가 추론될까? 상상해 보고 스스로 결론을 도출해 보자.

외형적 하드웨어(hardware)에서 보이는 것에 국한하여 판단하는 것은 오류 발생 확률이 높다. 선택과 집중, 통찰력과 맥락으로, 보이지 않는 소프트웨어(software)를 이해하려 애써야 한다. '일만 시간의 법칙' 구 버전처럼 맹목적 부지런함은 의미가 없다.

그늘 아래에서 노래를 부르면 안 되는 이유에 집중해야 한다. 매일 빠짐없이 그것도 하루 종일 일하는 개미가 반드시 옳다고 한다면 그렇게 해석할 수 있는 근거를 찾아야 한다. 베짱이에게서 현재에 최선을 다하는 모습을 발견하고 현재의 중요성을 배울 수 있다는 점을 착안한다면 그렇게 부정적 이미지만으로 바라볼 일은 아니라는 것이다.

취업 준비의 가이드북이 되기를 기대한다!

취업이 인생의 가장 중요한 목표는 아니다. 그렇다고 허투루 넘길 일도 아니다. 취업이 최종 목적지는 아니지만 다음 여정을 위한 하나의 징검다리이다. 하루가 다르게 취업시장 트렌드가 바뀌고 있다. 디지털이 기업 채용 절차를 진화시키고 있다. 넋 놓고 있다 보면 무엇이 잘못 되었는지조차 모를 수 있다.

《4차 산업혁명시대에 기업은 어떤 인재를 원하는가?》를 차분히 읽어 보면서 취업 트렌드 추이를 분석해 보고, 취업준비 대응전략을 모색해 보는 기회로 활용하여 점점 좁혀 오는 취업시장의 문을 활짝 열 수 있기를 기대해 본다.

2023년 6월

지은이 박 창 동

프롤로그   노마드형으로의 자기혁신과 경험을 넘어 통찰력으로 승부하라!   05

PART 1　4차 산업혁명은 HR체인저　17

Chapter 1　변화에 둔감한 기업은 내일이 없다　19
- 01 불확실성과 경영 리스크　19
- 02 기하급수적 변화와 자기주도　23
- 03 이종간 융합과 초연결　25
- 04 인재의 세 가지 유형　27
- 05 산업별 인재상 변화　29

Chapter 2　4차 산업혁명은 경험 중시 시대　33
- 01 지식은 현대 문명의 마중물　33
- 02 이력서에서 사라지는 학점과 스펙　35
- 03 지식은 데이터와 정보를 덧댄 의미의 깊이　37
- 04 지식 담당은 인공지능(AI)　40
- 05 '뭐 해봤는데!' 핵심 키워드가 된 경험　41
- 06 통찰력과 연결될 때 경험의 파워는 무한대　44
- 07 경험에도 등급이 있다　46
- 08 영화 '마션(The Martian)'과 경험의 중요성　48

PART 2 4차 산업혁명과 인재상 진화론 — 51

Chapter 1 4차 산업혁명과 노마드형 인재 — 53
- 01 노마드형 인재 — 53
- 02 노마드형 인재의 네 가지 유형 — 55
- 03 디지털 발전과 노마드형 인재 — 63

Chapter 2 '노마드형 인재'가 되려면? — 65
- 01 적극성과 책임감, 그리고 주인의식 — 66
- 02 문제해결 능력은 필요충분조건 — 72
- 03 초연결은 창의성과 다양성이 디딤돌 — 78
- 04 숲을 조망할 줄 아는 맥락과 통찰력 — 84

Chapter 3 기업은 이것이 알고 싶다! — 88
- 01 채용절차별로 K, S, A의 비중이 다르다 — 89
- 02 진정 이 일을 좋아하는가? — 93
- 03 주인의식과 책임감을 갖고 잘 할 수 있을까? — 106
- 04 협업이 가능할까? — 110
- 05 공공기업만 '직업윤리'가 중요할까? — 117

Chapter 4 역량 = 성격 + (환경 × 노력^n) — 121
- 01 기업은 역량을 왜 중하게 여길까! — 121
- 02 노력은 내면의 자신과 '보이지 않는 경쟁'이다 — 122
- 03 'SMART 기법'과 목표 달성 습관 — 126
- 04 성장배경과 '맹모삼천지교(孟母三遷之敎)' — 128
- 05 성격과 인성 — 135
- 06 역량과 국가직무능력표준(NCS) — 143

PART 3   4차 산업혁명과 자기다움   151

Chapter 1   질문에서 스토리를 찾다!   153
- 01 질문을 분해하라!   153
- 02 질문 분해 '4대 기본원칙'   154
- 03 사례로 알아보는 질문 분해 방법   157
- 04 질문 의도가 역량일까? 인성일까?   160
- 05 자기소개서 공통 질문 분해   161
- 06 인재상을 분해하라!   164

Chapter 2   숨은 2인치를 찾아서!   167
- 01 SWOT 분석과 자아챙김   167
- 02 인사이트가 그렇게 중요하다고?!   170
- 03 나만의 스토리 구축하기   176
- 04 차별화와 자기다움   181

Chapter 3   채용준비의 4대 공약수를 찾아서!   186
- 01 회사와 직무 사전조사만이 살길이다   186
- 02 자신만의 스토리텔링이 답이다   188
- 03 내가 주인공이자 시나리오 작가이며 연출가이다   189
- 04 나를 알리는 홍보 수단이다   190

PART 4 맞춤형 취업준비 전략 ... 193

Chapter 1 맞춤형 자기소개서란? ... 195
- 01 자기소개서는 왜 '한숨'부터 나올까? ... 195
- 02 글쓰기는 '지식'이 아니라 '기술'이다 ... 198
- 03 독자는 평가위원이다 ... 199
- 04 자기소개서 3대 요소에 집중하자 ... 200
- 05 자기소개서 Road Map ... 202
- 06 자기소개서 십계명 ... 203

Chapter 2 SUCCESS 면접전략 ... 211
- 01 우리 회사에 적합한 인재일까? ... 211
- 02 면접에도 지켜야 할 예절이 있다 ... 212
- 03 자기소개는 사전 공개된 질문 ... 215
- 04 면접 질문의 기본 유형 ... 217
- 05 첫 인상이 당락을 좌우한다?! ... 219
- 06 인사담당자가 뽑은 호감형과 비호감형은? ... 223
- 07 다양해지는 면접 유형 ... 225
- 08 면접유형별 개념과 대응전략 ... 230
- 09 SUCCESS에서 길을 찾다! ... 246

에필로그 '크게 잡는 방법'으로 기회창출 시대를 대비하라! ... 253

4차 산업혁명 시대의
기업은 어떤 인재를 원하는가?

PART 1
4차 산업혁명은 HR체인저

Chapter 1 　변화에 둔감한 기업은 내일이 없다
Chapter 2 　4차 산업혁명은 경험 중시 시대

PART 1
4차 산업혁명은 HR체인저

Chapter **1**

변화에 둔감한 기업은 내일이 없다

01 불확실성과 경영리스크

불확실성은 기업경영의 암적 존재

기업이든 개인이든 미래를 알 수 있다면 얼마나 좋을까? 현실적으로 이뤄질 수 없지만 위험을 회피할 수 있기에 작은 바램을 기술해 본다. 기업경영은 어느 시대를 막론하고 어렵다. 최고경영자들이 '경영은 참 쉬워요'라고 말한 적은 단 한 번도 없었을 것이다. 위험이 도처에 산재해 있을 뿐 아니라 위협까지 한다. 예기치 않았던 일들이 걸림돌이 되는 빈도수가 증가하면서 그 어느 때보다 해결해야 할 문제가 하루가 다르게 산적해 가고 있다.

2016년 1월 다보스포럼에서 주창된 '4차 산업혁명'이라는 단어가 화두가 된 이래로 최고경영자들은 그 어느 때보다 힘들다는 말을 자주 한다. 종전의 불확실성은 낮아진 소비심리, 유가와 환율 등 경제적 요인에 국한되었다면, 지금은 360도 전방위적으로 불확실성과 그에 따른 위험이 도사리고 있다. 선진국을 중심으로 인구 감소세 확산, 빠르게 증가하는 고령화로 생산인구 감소, 기후 위기와 같은 환경문제 대두, 사물인터넷(IoT)·인공지능(AI) 등 하루가 다르게 변하는 기술 발전, 요동치는 국내외 정치 등 어느 하나 만만한 것이 없다. 한 마디로 변수가 너무 많다. 변수는 불확실성이자 예측불허로 미래를 알 수 없게 만든다. 예고편이 없다는 것은 불안감을 더 가중시킨다.

불확실성은 기업경영에 치명적이다. 불확실성이 짧은 기간 동안 지속된다면 심각성은 그렇게 크게 받아들일 일이 아니다. 4차 산업혁명 시대는 360도 전방위로 포위되어 탈출구가 없기에 불안감이 커진다. 그 끝이 어디인지 가늠하기조차 어렵기에 반격할 때를 못 찾아 더 치명적일 수 있다. 예측 불가는 방어 포기를 의미하는 것으로 기업경영의 위협 요인이 되고 있다. 피할 수 있다면 피하고 싶은 것이 불확실성이다.

기업은 계속기업으로 존속하기 위해 모든 방법을 동원한다. 불확실성은 자의반 타의반으로 기업경영을 탈바꿈시켰다. 기업경영의 변신은 '하면 좋은 것'이 아니라 무조건 '해야 하는 것'이다. 비즈니스 모델, 경영관리, 일하는 방식, 고객 데이터 관리방법까지 송두리째 바뀌고 있다. 변한다는 것은 적극적 방어 수단 중 하나이다. 살아남기 위해서 말이다. 그 중 하나가 인재상이다.

3차 산업혁명 시대의 기준으로 선발된 인재는 4차 산업혁명 시대에 한계성이 극명하게 표출되었기에 최근의 채용은 채용기준을 비롯하여 제도 전반에 걸쳐 변신을 꾀하고 있다.

불확실성이 채용 패턴을 바꾸다

불확실성은 기다려 줄 시간이 없다. 시간의 부족은 인재 육성에 영향을 미쳤고 그 결과 '인재 확보'에서 '인재 활용'으로 채용 패턴이 바뀌었다.

산업 성장기인 1960년대부터 시작된 정기 공채는 최근까지 이어졌으나 현재는 4대 그룹 중 삼성그룹만 명맥을 유지하고 있다. '인재확보'는 사회적으로 인재 수요가 공급을 초월했기에 인재를 더 많이 확보하는 것이 기업의 우선 과제였던 시절의 유산이다. 직무 적합도보다 조직 적합도에 우선해서 눈치 빠르고 조직에 적응도 잘하고 말도 잘 듣는 범용성 인재를 선택했다.

정기공채로 채용된 인재는 스스로 성과를 창출할 수 있는 '준비된 인재'라기 보다 '준비될 인재'로 볼 수 있다. 역량 육성이라는 별도의 기업교육 과정이 수반되어야 가능했다. 현장에서 성과를 창출할 수 있도록 구성원의 역량을 길러내야 하는 과정이다. 깊고 끝이 어디인지 모르는 불확실성 터널은 이와 같은 '인재 확보와 육성'이라는 순환고리를 단숨에 끊어냈다. 아쉽지만 최근 3~4년 사이에 정기 공채가 자취를 감추고 있는 것이 방증이라 할 수 있다.

기업은 채용과 동시에 성과를 창출할 수 있는 인재를 원하고 있다. 국가직무능력표준(National Competency Standard)의 등장 배경도 시대적 변화와 무관하지 않음을 알 수 있다. 이는 지원 직무에 적합한 인재를 수시로 선발하기 위한 도구로 개발되었다.

적합한 인재란 직무 연관성이 높은 경험과 경력을 소지한 사람이다. 수시채용은 '인재 활용'에 방점을 둔다. 수시채용은 역량 육성 과정이 정기채용보다 훨씬 짧아 기업의 비용 부담을 경감시킨다는 장점이 있다. 정기 공채가 범용성 있는 인재를 우선적으로 확보하기 위한 '그물형'이라면, 수시채용은 직무에 적합한 인재를 선발하는 '낚시형'이다. 낚시형은 필요 직무에 가장 적합한 인재를 찾는 과정이다. 수시채용은 인사에서 흔히 말하는 '적재적소(right talent, right position)'를 운용하는 과정이다. 정기채용의 선발 기준은 지식 위주의 학력, 학점, 필기시험이었다면, 수시채용은 직무와 연관성 높은 경험과 경력이 중시되는 차별화된 인재를 발굴한다.

대한상공회의소는 정기채용 과정으로 선발된 신입사원이 성과를 창출하기까지 약 18개월이 소요된다고 발표했다. 4차 산업혁명 시대에는 기업이 신입사원에게 18개월이라는 긴 시간을 기다려 줄 여유가 없다. 아울러 지속되는 불확실성은 전문가에게조차 큰 위협이 아닐 수 없다. 전문가도 단편적으로 예측할 뿐 장기적 관점에서 명쾌한 답변 제시에 상당한 고초를 겪고 있다. 전문가도 고개를 갸우뚱하는 요즘, 기업은 오죽하겠는가.

그 동안 중장기 경영전략을 수립하고 매년 수정해 왔던 일련의 행위가 무의미해졌다. 당장 당해 연도 예측도 어려운데 중장기를 예견한다는 것이 얼마나 무의미한 일이겠는가? 먼 미래를 깊이 있게 고민하고 예측할 만큼 시간적 여유가 없다. '고르디아스의 매듭(Gordian Knot)'처럼 복잡한 매듭을 일일이 손으로 풀어야 한다는 고정관념에서 벗어나야 한다. 가능하다면 필요에 따라 도구를 이용하여 한 번에 잘라내는 용기와 결단이 필요할 때이다.

02 기하급수적 변화와 자기주도

어제와 다른 경영환경

'모든 것은 변한다'는 명제는 불변의 진리이다. 변화는 선택이 아니라 필수이다. 변화는 진화이고 생존을 위한 몸부림이다. 지금도 변하고 있고 내일도 변할 것이다. 오죽하면 모 그룹 회장이 "마누라와 자식만 빼고 다 바꿔라"라고 외쳤을까. 진화론의 찰스 다윈은 '강한 것이 살아남는 것이 아니라, 살아남는 것이 강하다'라고 역설하였다. 변화의 목적이 생존임을 분명히 하고 있다.

문제는 변화의 속도이다. 지금까지는 변하는 모습을 눈으로 볼 수 있었고 어느 수준까지 예측할 수 있었다면, 4차 산업혁명 시대는 볼 수도 예측하기도 어려워졌다. 변화 속도가 덧셈 방식에서 곱셈으로 바뀌면서 가속도 페달을 밟았기 때문이다. 3차 산업혁명 시대까지는 덧셈의 속도였으므로 기술이 변하는 방향과 수준을 어느 정도 예측할 수 있었다. 이제는 곱셈 방식으로 바뀌면서 기술변화를 가늠한다는 것이 불가능에 가까워졌다.

변화의 가속력이 엄청나게 빨라지면서 SF영화에서 봤을 법한 것 또는 상상 속에서 그려봤던 기술이 우리 앞에 펼쳐지고 있다. 수렵사회에서 농경사회로 바뀌는 데 십만 년이 걸렸다고 한다. 농경사회에서 산업사회는 300여 년이 소요되었고, 앞으로 또 한 번의 변신은 30여 년 정도를 내다보고 있다. 십만 년과 300년, 그리고 30년이 의미하는 변화의 속도는 엄청난 속도감을 느끼기에 충분하다. '무어의 법칙'이 무색해지는 21세기이다.

기업주도형 vs 자기주도형

변화가 속도를 높이면서 많은 것을 바꿔 놓았다. 어제의 진실이 오늘은 아닐 수 있다. 지식에도 유통기한이 생겼다. 예전의 지식으로 오늘의 일들을 설명하는 것이 버거워졌다. '내가 말이야(latte is horse)'와 같은 라떼문화는 꼰대의 대명사이자 유효기간이 지나 대부분 쓸모없는 것들이다. 경험에도 유효기간이 생성되었고 점점 수명이 짧아지고 있다. 한 번 배운 것으로 평생 먹고 사는 시대는 끝났다. 채용할 때 제출한 졸업장의 유효기간이 상당히 짧아졌다는 것으로 해석된다. 세상의 바뀜은 쉼 없는 배움으로 지탱해야 한다. 배워야 변하고, 변해야 살아남는다. 기업도 개인도 마찬가지이다.

기업은 지금까지 구성원이 직무를 수행할 때 필요한 역량을 높이기 위해 정기적 또는 수시로 기업교육을 진행했다. 인재를 육성해야 하는 몫은 기업에게 있다고 믿었고 당연하게 여겼던 사항이다. 구성원의 직무 수행 역량은 '기업주도'로 육성시켰다.

기업이 구성원을 성장시키고 발전의 초석이 된다는 것은 사회적 덕목 중 하나였다. 조직이 구성원을 보듬어 안는 것은 평생직장시대이기에 당연했다. '자신'보다 '조직'이 우선이었던 시대였기에 가능했다. '평생직장'은 1997년 외환위기와 2008년 글로벌 금융위기로 해체되었다. 그 이후 '평생직업' 시대가 도래했다. 직장이라는 '조직'에서 직무 중심의 '개인'으로 교육 주체가 전이되었다. '평생직장'이 '기업주도형'이라면 '평생직업'은 '자기주도형'이다.

'자기주도형'은 스스로 목표를 설정하고 그 목표 달성을 위해 필요한 역량을 갖춘다. 기업주도가 '준비될 자'를 대상으로 한다면, 자기주도는 스스로 '준비된 자'로 거듭나기 위함이다. '준비된 자'는 언제 어디에서라도 적응할 수 있는 준비가 되어 있는 인재를 뜻한다. 자기주도는 평생교육 시대와 워라밸에 걸맞게 스스로 학습한다. 채용 과정에서 '입사 후 5년 또는 10년 후 지원자의 목표는 무엇입니까?', '중간관리자가 되었을 때 목표는 무엇입니까?', '지원 직무분야의 전문가가 되기 위한 계획은 무엇입니까?'라고 질문하는 배경이기도 하다.

03 이종간 융합과 초연결

고정관념의 벽을 허물고 한계를 뛰어넘다

융합은 미래 핵심기술이다. 여러 개가 하나가 되는 과정으로 지금까지의 융합은 동질성 또는 유사성을 대상으로 했다. 4차 산업혁명 시대는 역발상적 융합이 진행되고 있다. 기존의 틀에서 해결하려고 한다면 한 발자국도 전진하기가 쉽지 않다. '안 되는 것은 없다'라는 비장함은 고정관념과 기존의 장애물을 허물고 뛰어넘도록 독려한다. 어제 배웠던 지식과 경험은 유효기간이 만료되었음을 인정하고 새로운 각오와 자세로 도전하기를 시대는 요구한다.

융합은 정보통신기술이 접목될 때 또는 여러 종류의 물질이 열을 가하거나 화학 작용 등으로 처음 형태 또는 성질이 없어지고 다른 물질로 새롭게 탄생한다고 제한적으로 이해하고 있다. 지금은 IT와 무관하게 보이는 축산업, 농업, 건설, 교육, 디자인, 예술 등 다양한 분야에서 활발하게 응용되고 있다.

멀리에서 찾을 필요도 없다. 우리는 이미 융합의 결과물을 잘 이용하고 있다. 국민 대부분이 보유하고 있는 스마트폰이 대표적이며 일상의 융합 사례로 손꼽을 수 있다. 카카오택시는 택시와 스마트폰이 결합했다. 숙박시설과 스마트폰의 융합한 에어비엔비와 같은 숙소 예약 앱으로, 장보기는 스마트폰을 만나 새벽배송으로, 영상촬영은 유튜브로 탄생한다.

스마트폰은 작은 세상을 담고 있다. 본연의 전화 기능은 언어적 소통을 넘어 상대방을 보면서 통화할 수 있는 화상 기능과 여러 사람이 동시에 통화할 수 있는 스피커 기능 등 다양하게 파생되었다. 스마트폰에는 은행에서 부터 영화관, 증권, 보험, 문서 작성, 서점, 라디오, TV, 쇼핑, 카메라, 계산기, 일정 관리, 신문 등 일상에 필요한 대부분이 '내 손안에 있소이다'라고 외치고 있다. 결국 IT의 플랫폼과 융합되면서 일상의 편리함을 극대화시키는 방향으로 진화하고 있다.

현실과 가상의 융합

주변에서 쉽게 찾을 수 있는 것이 '스크린 골프'이다. 현실과 가상의 융합 결과물이다. 야외 골프장이 아니라 실내에서 골프를 즐기는 곳이다. 골프장은 '스크린'이라는 가상현실과 실제 골프를 하는 현실 행위와 어우러져 또 다른 스포츠로 선한 영향력을 미치고 있다. 가상현실인 '스크린'을 바라보면서 실제 골프 행위가 이뤄진다. '스크린 테니스', '스크린 야구', '스크린 축구' 등 다양한 스포츠로 이미 확산되고 있으며 동네 곳곳에 위치하고 있다. 현대인의 시간적 빠듯함과 경제적 부담감을 덜어 줄 수 있는 좋은 아이템이다. 인간과 기계가, 공학과 생물학이 융합되는 시대가 되었기에 증강현실, 가상현실, 혼합현실이 낯설지 않다.

4차 산업혁명 시대의 융합은 지금까지와는 색다른 모습이다. 일상, 평범, 기성, 평균, 획일, 유행과 같은 고정관념에서 벗어나야 가능하다. 단순히 창의적 사고만으로도 접근하기 쉽지 않다. 호기심과 엉뚱함, 자유분방함이 버무려질 수만 있다면 기대감은 커진다. 누구의 지시보다 스스로 역할을 인지하고 알아서 하는 자기주도적(self leadership) 성향도 요구된다. 장애물이 나타났을 때 피하고 물러나기보다 '할 수 있다'는 자신감과 실패를 두려워하지 않는 패기로 도전해 보는 문제해결 역량도 함께 필요로 한다.

04 인재의 세 가지 유형

'4차 산업혁명'이 화두가 된 지 7년 가까이 된다. 그 파괴력은 과거 100여년에 걸쳐 변화된 것과 맞먹을 정도로 크다는 것을 깨닫는 요즘이다. 인재의 소중함은 과거 그 어느 때보다 절실하게 느끼고 있다. 결정적이고 차별적인 경쟁우위의 원천은 인재에서 비롯된다는 것을 새삼 뼈저리게 실감하고 있다. 산업혁명으로 기술변혁이 날로 발전하면서 필요역량이 달라지고 인재를 바라보는 기준에도 변화를 꾀했지만, 변하지 않는 것은 인재의 유형이다. 인재의 유형은 세 가지로 나눌 수 있다.

첫째는 '맡길 인재'이다. 조직이 가장 선호하면서 심혈을 기우려 모시려고 하는 인재이다. 조직에서 믿고 일을 맡길 수 있는 인재이다. 미래를 책임질 인재이다. 자기가 할 일이 무엇인지 명확히 파악할 뿐 아니라 스스로 계획과 실천을 할 줄 아는 자기주도형으로, 문제 발생시 다양한 경험과 협업을 통해 해결하는 인재이다. 4차 산업혁명 시대에 요구되는 '노마드형 인재'이다. 둘째, '부릴 인재'이다. 지시와 명령이 있어야 일이 성사된다. 수동적이므로 목표를 초과하여 성과를 창출하는 경우가 흔하지 않다. 일일이 확인하고 피드백이 필요한 인재이다. 소위 손이 많이 가는 유형이라 할 수 있다. 마지막은 '잉여 인재'이다. 기업이 가장 피하고 싶은 대상이다. 법률 용어로 '저성과자'로 볼 수 있다. 알아서도 하지 않을 뿐 아니라 지시해도 제대로 성과를 내지 못한다.

성공하는 기업은 인재에 집중한다. 아울러 인재와 더불어 성장하기를 원한다. 결국 변화의 트렌드에 어떻게 대응하면서 안착하느냐에 '지속경영'이 달려 있다고 해도 과언이 아니다. 기업의 강점에 4차 산업혁명의 '디지털'을 맞춤형으로 탑재할 때 시대 변화에 적합한 새로운 가치와 시장 형성이 가능할 뿐 아니라 선도하는 기업이 될 수 있다. 결국 기업의 미래 먹거리가 만들어지는 출발점은 인재에서 비롯된다는 것을 다시 한 번 강조하게 된다. 인재의 중요성은 인사의 첫 관문인 채용에서 출발하면서, 인재 탐색을 위해 다양한 방법이 모색되고 있는 요즘이다.

05 산업별 인재상 변화

기업은 하루가 다르게 발전하는 정보통신기술에 혀를 내두른다. 따라가기에 버거울 정도이다. 하루만 늦으면 진부한 기술로 치부된다. 18개월마다 트랜지스터의 수가 두 배로 증가할 것이라는 '무어의 법칙'이 한계에 부딪혔다. 반도체 메모리 집적도가 18개월이 아니라 12개월마다 두 배씩 증가할 정도로 급속한 발전을 거듭하고 있다. 덧셈을 넘어 곱셈 방식의 기하급수적 변화이다. 기하급수적 변화에서 기업 주도로 필요 직무를 위임할 수 있는 '맡길 인재'로 육성하는 데에는 한계점에 다다랐다. 스스로 전문 역량을 쌓을 수 있도록 지원하는 것이 바람직하다.

1차, 2차 산업혁명까지의 '기능형 인재'와 '지식형 인재'가 기업주도형이었다면, 3차 산업혁명의 '창조형 인재'는 자기주도로 넘어가는 과도기였고, 4차 산업혁명의 '노마드형 인재'는 구성원 스스로 몫이 더 커졌다. 산업혁명별로 산업 발전상과 그에 따른 인재상이 어떻게 변천되었는지 파악하는 것도 '노마드형 인재'를 이해하는 데 도움이 된다.

산업혁명별 인재상

산업혁명	산업 특징	인재상
1차 산업혁명	기계 혁명	기능형 인재
2차 산업혁명	자동화 혁명	지식형 인재
3차 산업혁명	정보 혁명	창조형 인재
4차 산업혁명	인공지능 혁명	노마드형 인재

1차 산업혁명은 '기계혁명'이다. 종전에는 농업의 수확물과 사람의 힘이 비례했다. 1차 산업혁명으로 기계가 사람의 힘을 대체하면서 농촌에는 잉여인력이 증가했다. 농업에 종사했던 수많은 사람들은 기계 다루는 방법을 배우기 위해 대도시로 이주했고, 미국의 농업인구가 80%에서 2%까지 감소했다. 선박, 철도, 철강과 같은 중화학산업이 경제의 근간을 이뤘으며, 감소한 농업인구는 기업 주도로 기계 작동법을 배워 중화학산업의 '기능형 인재'로 재탄생했다.

2차 산업혁명은 '자동화 혁명'으로 데이터에 의존한 '지식형 인재'가 대우를 받았다. 자동화는 불편함을 편리함으로 대체시키기 위해 지식을 적극 활용했다. 주변에서 늘 활용되는 가전제품을 보자. 일상의 바쁨을 대체해 주는 가전제품은 시간적 여유를 만들었다. 이런 제품은 사람의 힘이 아니라 머리를 활용해 탄생되었기에 지식이 풍부한 인재가 사회적 부러움을 한 몸에 받았다. 학력, 학점이 우수 인재를 판가름하는 척도가 되었다. 공부 잘하는 사람이 좋은 직장에 우선적으로 채용되었던 시대였다. 경쟁에서 이기는 자만이(best one) 살아남았다. 자연의 법칙이 고스란이 적용되는 동물의 왕국과 같은 이치였다.

기업은 핵심인재를 선발하여 육성 프로그램에 따라 적극적으로 지원하면서 차기 경영자로 키웠다. 전자부품 산업처럼 가볍고 작은 것이 선호되던 시대로서 '무어의 법칙'이 기지개를 펴던 때이기도 했다.

3차 산업혁명은 '정보혁명'으로 '인터넷혁명'이라고도 한다. 인터넷이 등장하면서 시공간의 장벽이 일순간에 무너졌다. 그 결과 사회적 일자리가 크게 한 번 요동치는 전환점이 되었다. 기존 관념의 근간을 뒤흔드는 사회적 변혁을 가져왔다.

인재상은 '창조형 인재'였다. 새로움이 미래먹거리가 되던 시기였기에 신선하고 참신한 아이디어에 목말라했다. 뷰티, 패션, 브랜드, 건강식품, 레저산업과 같은 분야가 관심을 받았다. 전문가가 되기 위해 스스로 학습하는 열풍이 확산되는 시기이기도 하다.

4차 산업혁명은 '인공지능혁명'으로 명명된다. '가상(virtuality)'이 '현실(reality)'을 삼키는 시대이다. 내가 아닌 또 다른 내가 존재한다. 시너지를 낼 수 있고 살아남기 위해서는 고정관념의 틀을 허물 수 있어야 한다. 사고의 자유분방함과 새로운 관점에서 접근하는 '노마드형 인재'가 요구되는 기틀이 마련된 것이다.

3차 산업혁명 시대까지는 데이터에 의존한 인간의 지식만을 믿고 미래를 설계하고 창조했다면, 4차 산업혁명 시대는 숲을 볼 줄 아는 통찰력과 맥락을 읽을 줄 아는 역량이 필요하다.

간단한 사례를 보자. 이익 창출은 기계만의 몫이 아니다. 플랫폼과 같은 무형자산이 더 빠르고 유연하게 성과를 낼 수 있을 뿐 아니라 부가가치도 훨씬 높다. '에어비엔비'가 운영하는 숙박시설은 자신의 소유가 아니다. 숙박시설의 수요자와 공급자를 연결해 주는 플랫폼만 운용한다. 예전의 기능형, 지식형, 창조형 인재의 역량으로 충족시킬 수 있는 단순한 영역이 아니다. 완전히 기존의 틀을 무너뜨리고 새롭게 접근해야 가능하다. 지식에 경험을 덧된 지혜(wisdom)가 돋보인다.

4차 산업혁명은 자신의 생각이나 주장을 기승전결로 풀어내는 논술형이다. 3차 산업혁명까지 암기 위주의 OX형(1차 산업혁명), 단답형(2차 산업혁명), 서술형(3차 산업혁명)과는 차이가 있다. 통찰력과 맥락은 노마드형 인재가 갖춘 역량으로 예견되는 위험을 사전에 인지하고 대응할 수 있다. 기업은 지혜로운 인재, 협력하는 괴짜, 사고의 유연성과 자유분방함을 갖춘 협력할 줄 아는 인재를 찾고 있다.

Chapter 2

4차 산업혁명은 경험 중시 시대

01 지식은 현대 문명의 마중물

지식이 없었더라면 21세기에 우리가 즐기는 이 모든 것이 세상의 빛을 보지 못했을 것이다. 끊임없는 탐구와 열정으로 노력한 결과물이다. 농부는 해가 뜨면 하루가 시작된다. 산업혁명 이전의 농업은 농부의 힘과 근면함에 의존했다. 산업혁명은 농부의 수고를 덜어줬다. 경운기는 농부의 며칠 동안 일거리를 대신할 만큼 농기계의 등장은 농부의 일상을 바꿔 놓았다. IT가 접목된 '스마트 팜'은 기계가 스스로 알아서 햇볕도 물도 공급해 준다. 사람이 개입할 여지가 거의 없어졌다. 기계와 IT의 발전으로 사람의 수고는 훨씬 줄었지만 수확량은 예전과 비교할 수 없을 만큼 많아졌다. 이와 같이 지식은 현대 문명의 마중물이다.

지식은 3차 산업혁명까지 산업구조 피라미드의 최상위에 자리했었다. 4차 산업혁명 시대에는 그 자리를 내줬다. 그만큼 지식의 쓰임새가 달라졌으며, 지식의 주체가 전이되고 있다. 그 이유는 최근 CEO들이 던지는 화두에서 찾아 볼 수 있다. CEO들은 하나 같이 지식과 같은 고정관념에서 벗어나야 한다고 외치면서 다양성을 강조한다. 미래 먹거리인 신성장 동력 발굴의 원동력으로 다양성을 꼽는 데 주저하지 않는다. 다양성은 '다름'과 '차이'를 인정하는 것에서 출발한다. 글로벌 기업들은 누구나를 막론하고 다양성을 존중하고 받아들이는 추세이다. 다양성이 우리 주변에서 어떻게 이뤄지고 있으며 어떻게 활용되는지도 주요 포인트이다.

인공지능(AI)의 발전은 상상 이상으로 빠르다. 구글과 네이버와 같은 기존 빅테크 기업들의 긴장은 그 어느 때보다 크게 다가온다. IT시장을 흔드는 오픈AI의 챗 GPT와 같은 '생성 인공지능'이 그 주인공이다. 패러다임이 바뀔 수도 있다는 위기의식이 두려움과 무서움으로 다가오는 갈림길에 서 있다. 기술 변화에 적극적으로 대응하지 못해 역사의 뒤안길로 사라진 무수한 기업들을 봐왔기 때문이다.

1881년 설립된 코닥사는 카메라에서 빼 놓을 수 없는 필름제조기업이었다. 1990년대 미국 필름시장 90% 이상의 시장점유율을 자랑했으나, 디지털카메라 등장으로 2012년도 파산보호 신청을 했다. 정작 디지털 기술을 개발한 것은 코닥이었지만 그 기술에 의해 문을 닫을 줄은 아무도 몰랐다. 파괴적 기술에 대응하지 못한 대표적 사례로 경영학에서 자주 소개되는 아이템이다.

노키아도 마찬가지이다. 한 때 시장점유율 1위를 차지하던 노키아도 애플의 등장으로 하루아침에 시장에서 자취를 감췄다. 4차 산업혁명이 불러온 인공지능 시대에는 지식만이 유일한 탈출구가 아니다. 기존 아이템과 접목할 수 있는 다양성의 힘을 발휘해야 한다. 그 근간에 지식이 있음을 부인해서도 안 된다. 지금은 응용력이 요구되는 시대로 '경험'으로 접목할 수 있는 분야를 분주하게 찾아야 한다.

02 이력서에서 사라지는 학점과 스펙

운전면허증은 필기시험과 실기시험을 통과해야 취득할 수 있다. 필기시험은 지식의 수준을 점검하는 척도이고, 실기시험은 실제 도로교통법을 준수하면서 안전하게 도로주행이 가능한지를 확인하는 절차이다. 이론만 안다고 도로주행이 가능한 것은 아니다. 이론은 도로주행할 때 지켜야 할 규칙을 거들 뿐이다. 2019년도부터 이력서에 학점이나 성적과 같은 지식에 해당되는 정보 기재를 법으로 금지하고 있다. 그 이유는 뭘까? 4차 산업혁명 시대는 지식이 필요 없다는 의미일까. 아니다. 여전히 지식은 중요하고 역할은 변함이 없다. 다만 지식의 활용 방법이 예전보다 훨씬 손쉬워졌다는 것을 의미한다. 암기형 지식이 비집고 서 있을 만한 공간이 없어졌다. 사이버 공간이 대신하고 있다. 지식의 저장고가 사람의 머리가 아니라 IT 기기로 전이되면서 인재에 의존했던 지식의 범위와 활용도가 훨씬 광범위해졌다. 지식이 필요 없다기보다는 훨씬 유용성이 높아졌지만 그것을 관장하는 주체가 인재에서 IT 기기로 바뀐 것이다.

서재 한쪽을 차지했던 백과사전이 이제는 어린아이까지 갖고 있는 스마트폰에 수록되어 있다. 세계에서 가장 오래된 영국의 브리태니커 백과사전이 인쇄본이 나온 지 244년 만에 생산을 중단한다고 결정했다. 대신 브리태니커 백과사전 역할을 스마트폰이 하고 있다. 궁금한 것은 질문하고 답변을 바로 받아 볼 수 있는 시스템이다. 강의 시간에 자신의 생각과 다른 것이 있다면 스마트폰에서 바로 검색해 보고 확인한다. 시공간의 제약을 완전히 벗어났기에 가능하다. 사이버 공간의 접근성과 확장성은 편리성과 상상력을 키워준다. 이제 지식은 사람의 머리에 의존할 이유가 없다. 필요한 자료는 도서관에서 찾아야 한다는 고정관념을 버려야 한다. 인터넷이 전 세계의 지식을 동 시간대에 공유할 수 있도록 도와준다. 사이버 공간의 접근성과 확장성이 아날로그의 시·공간 한계점을 초월했기에 가능하다. 이력서에 굳이 학점이나 성적을 기록할 필요가 없다는 이유를 이해할 것이다.

4차 산업혁명 시대의 인재는 무엇을 많이 아는 것보다 필요한 자료가 어디에 있는지, 그 자료를 활용하여 어떻게 문제를 해결할 것인지에 대해 관심을 가져야 한다. 지식의 유용성은 여전하지만 종전보다 활용성이 훨씬 수월해졌다는 것이 맞는 표현이다. 기업이 찾는 인재상이 지식을 많이 알고 있으면 좋겠지만 굳이 학점이나 성적이 좋은 인재보다는 다양한 경험이나 직무 중심의 역량을 가진 인재가 '확보'가 아닌 '활용' 관점에서 돋보인다.

지식에 유효기간이 있다면 믿을 수 있겠는가? 기하급수적 변화는 지식에게 유효기간이라는 꼬리표를 달아줬다. 학교에서 배울 때에는 전혀 변하지 않을 것 같았던 지식이었지만 이제는 '파괴적 기술'에 힘입어 일정 기간이 경과되면 소멸되어야 하는 상황이 도래되었다. 입사할 때 제출했던 졸업장도 유효기간이 있다. 지식의 유효기간 덕분일 수도 있고 그 어느 때보다 빠르게 변하는 속도 때문에 유용성이 점점 짧아지고 있다. 혹자는 대학교 졸업장의 유효기간을 10년이라고 주장하는 이도 있다. 그 만큼 교과서에 배운 이론이 현장의 변화 속도에 능동적으로 대응하지 못한다는 반증이기도 하다.

지식의 유일한 원천은 경험이다. 화려한 공모전 수상경력이나 관련 자격증이 아무리 많아도 실무 경험이 없다면 인사담당자를 설득하는 데 한계가 있다. 운전면허시험에서 지식의 필기시험은 통과했으나, 경험에 해당하는 실기시험에서 보기 좋게 낙방한 것과 진배없다. '길을 아는 것'보다 '길을 걸어 본' 경험을 우대하는 시대가 도래한 것이다. 4차 산업혁명 시대는 '준비된 자' 중심의 인재 활용이다. 산업의 성장 초기에 해당되는 인재 확보는 기대하기조차 어려워졌다. 실무경험이 없다면 '준비된 자'의 '인재 활용'에서는 이득이 없다.

03 지식은 데이터와 정보를 덧댄 의미의 깊이

지식은 데이터(data)에서 출발한다. 데이터가 구조화되고 체계화를 거치면 하나의 가치가 있는 정보(information)로 탄생한다. 정보가 문제해결의 실마리를 제공하거나 적용할 수 있는 근거가 될 때 지식(knowledge)으로 인정된다. 지식은 하나의 이론이자 이성적 개념으로 볼 수 있는 근거가 되기도 한다. 지식이 반복 축적되면서 다양한 자료가 쌓이고 경험이 덧대질 때 지혜(wisdom)가 된다. 3차 산업혁명까지는 지식이 사회를 이끄는 원동력이었다.

만약 이 책의 인기가 치솟아 백만 독자가 있다고 가정하자. 독자 개개인의 인구통계학적 자료는 데이터이다. 그 데이터는 존재할 뿐 활용도가 아주 낮다. 데이터가 유용한 자료가 되려면 어떤 기준에 의해 묶여지거나 분류되어 '유용성'을 내포할 때 가능해진다.

취업준비서를 어느 연령대에서 많이 찾는지, 어느 지역에서 취업준비서가 인기가 많은지, 남자와 여자 중 누가 더 많이 읽는지 등 목적에 따라 데이터를 구분하고 합칠 때 비로소 정보로 재탄생된다. 취업준비서는 '고기를 잡아 주는 방식'보다 '고기를 잡는 방법'의 '코칭'이 더 효과적이라고 하는 논리가 성립한다면 정보는 하나의 지식으로 자리매김하게 된다.

지식은 상황 변화에 따라 유효기간이 생성되고 소멸된다는 점에 유의해야 한다. 때가 지난 지식을 활용하는 것은 상한 음식을 섭취했을 때 배탈이 나는 것과 같은 이치이다. 지식이 지혜로 탈바꿈하는 것은 오로지 자신만의 영역이다. 취업 준비하는 과정에서 '노마드형 인재'가 되는 방법을 이해하고 자신만의 경험을 덧댈 때 누구도 범접할 수 없는 차별화가 두드러진다. 이것이 지혜이다.

자기소개서에서 많이 등장하는 사례를 통해 이해를 높여 보자. 대학교 시절 경험하는 것 중 하나가 커피숍 아르바이트이다. 주요 역할은 고객으로부터 주문을 받거나 카페 내 청소이다. 이와 같은 경험이 자기소개서에서는 '고객을 잘 안다', '고객의 말씀에 귀 기울일 줄 안다'와 같은 막연하면서도 일반적 경험으로 풀어낸다. 만약 진상고객의 대처요령과 같은 경험이 있다면 훨씬 유용성이 높다. 고객을 안다는 표현은 손에 잡히지도 않을 뿐 아니라 무의미할 수 있다. 진위 여부 파악할 때 곤란한 상황을 초래할 수 있다.

오히려 지식과 지혜라는 관점에서 카페 아르바이트했던 경험을 재조명해 보자. 카페가 어디에 있느냐에 따라 고객의 쏠림현상이 발생하는 시간대가 다르다. 고객이 일시적으로 집중되어 줄을 길게 서면서 기다리는 시간이 길어진다면 고객은 불편함을, 점주와 직원들은 초조함과 조급함이 일어난다. 이 부분을 어떻게 하면 해소할 수 있을까? 기업이 찾는 '문제해결 역량'이다.

지식 기반의 경영기법은 문제해결 역량의 근원이자 디딤돌이다. 데이터는 다양하게 존재한다. 고객의 연령, 성별, 기호 음료, 섭취 장소 등이다. 굳이 고객의 개인 신상 자료까지 필요한 것은 아니다. 일단, 고객의 '대기시간 단축'을 목표로 한다면 어떻게 해야 할까?

지식과 그동안의 경험이 버무려질 때 훌륭한 문제해결 방안으로 재탄생된다. 바쁜 시간대에는 평소 근무와 달리 직원을 재배치하거나 커피와 기타 음료로 주문 창구를 이원화하여 혼잡도를 분산시키는 것도 방법이다. 다소 시간이 걸릴 수 있지만 IT를 접목하여 사전 주문을 도와 줄 수 있는 앱 개발을 제안하는 것도 바람직하다.

만약, 제시된 방안이 효과를 거둔다면 다른 매장에도 적용해 볼 수 있다. 지식과 경험이 어우러져 가치로 승화되는 순간이다. 이렇게 경험을 적극적으로 활용하여 창의적 아이디어를 제공한다면 '고객을 잘 안다'와 같은 자기소개서 보다 훨씬 차별화되고 공감과 동감, 호감이 가는 자기소개서가 될 수 있을 것이다.

04 지식 담당은 인공지능(AI)

　3차 산업혁명까지 지식은 사람의 고유영역이었다. 이제는 아니다. 인공지능(AI)이 그 자리를 대신하고 있다. 2023년 2월에 놀라운 기사가 게재되었다. 인공지능이 번역한 창작물이 한국문학번역상을 받았다는 사례이다. 사람 고유 영역이라 여겼던 '창작의 영역'이 딥러닝 방식의 인공지능(AI)에 추월당한 것이다.

　어디가 끝인 줄 모르는 IT의 첨단기술이 창의성이라는 인간의 영역을 넘보기 시작했다. 인간 보조수단으로 여겼던 단순 도구의 기능을 이미 넘어섰다는 것을 의미한다. 번역기를 활용해 우리나라 웹툰을 일본어로 번역하고 한글을 잘 모르는 일본인이 조금 각색을 하고 제출했는데 한국문학번역상에 당선이 된 것이다.

　더군다나 대화전문 인공지능 '챗GPT(Chat Generative Pre-trained Transformer)' 등장은 미래세계가 어떻게 될 것인지 궁금증과 함께 두려움으로 다가온다. 보편화가 된다면 개인마다 비서가 생기는 것이나 마찬가지이다. 2016년 3월 전 세계를 경악의 도가니로 빠트렸던 서울 한 복판에서 이뤄진 세기의 대결 '이세돌과 알파고'는 서막에 불과했다. 빌 게이츠는 챗

GPT가 세상을 바꿀 것이라고 기대감과 함께 인공지능 열풍에 불을 지폈다. 지금까지 인공지능이 읽고 쓰는 것에 한정되었다면 챗 GPT는 창의성을 결들였다는 의미에서 사무실 업무의 일대 혁신을 가져올 것이라 예측한다.

이제는 지식이 인간의 독점물이 아니다. 기업이 지식에 연연하지 않는 이유를 이제 이해할 것이다. 더 큰 그림에서 접근해야 한다. 무엇을 많이 안다는 것은 그렇게 중요한 사안이 아니다. 조만간 개인의 비서가 될 '챗 GPT'의 몫일 수도 있다는 상상을 할 때가 되었다. 기업이 인재에게 바라는 것은 챗 GPT가 만들어 준 시간적 여유를 활용하여 미래 먹거리를 고민하는 것이다. 그 고민의 근간에는 지식뿐 아니라 다양한 경험이 버무려지기를 기대한다. 인류는 고통과 발전이라는 두 수레바퀴가 공존해 왔다. 발전을 위해 고통을 견디며 도전하는 모험심, 걸림돌을 디딤돌로 바꾸는 창의성이 미래를 책임질 수 있다는 것을 잘 안다. 기업은 더 이상 지식에 매달릴 시간적 여유가 없다. 이미 상용화되고 있는 인공지능 몫으로 인정하자. 인재가 할 수 있는 것을 찾고 있으며 그 역량을 보유한 인재를 찾아 탐색하는 시대가 도래한 것이다.

05 '뭐 해봤는데!' 핵심 키워드가 된 경험

지식의 유용성과 한계성에 대해 알아봤다. 변화는 '배움(learning)'만 갖고는 기대하기가 쉽지 않다. 변화는 실행력을 기초로 한 '통찰(insight)'이

수반될 때 의미있는 가치(value)를 담은 실질적인 변환(convert)이 이루어진다. '배움(learning)'이 배움으로 끝나면 큰 의미가 없다. 지식의 배움에서 출발하여 자각을 통해 지혜로 승화시켜 한 사람이 변화하기 위해 경험을 시도하는 인사이트에 도달해야 한다. 배움이 2D라면 경험은 3D로 개념과 내용, 방법을 입체적으로 통찰할 수 있도록 시너지 효과를 낸다. 현실성이 없는 허황된 이론이나 논의를 일컬어 '탁상공론(卓上空論)'이라 한다. 아무것에도 도움이 되지 않는 '백해무익(百害無益)'이라고 비판을 서슴치 않는다. 이론 중심의 폐해를 꼬집는 표현이다.

'경험'하면 가장 먼저 떠오르는 일화가 있다. 현대그룹 창업주 정주영 회장의 '이봐, 해 봤어!'라는 일화이다. 정주영회장은 1세대 불세출의 기업가로서 현대경영의 롤 모델이자 끊임없는 아이디어 제시, 위험과 불확실성에 정면으로 맞서 해결한 세기의 기인으로 불리워진다. 그 분의 유명한 일화가 여러 가지 있지만 유독 경험을 강조한 '이봐, 해 봤어! 해보기는 해 봤냐고'이다. 해 보지 않고 안 된다고 얘기하는 것은 시도조차 하지 않겠다는 것으로 어제보다 나은 오늘, 오늘보다 나은 내일로 전진하는 데 큰 장애물이라고 강조했다. 실패는 성공의 어머니라고 했듯이 실패에서 도약할 수 있는 기회를 찾아야 한다. 실패해 볼 기회조차 피한다는 것은 아무것도 하지 않겠다는 것과 같다는 의미이다. 면접에서 실패 또는 단점을 들춰 극복하거나 보완했던 경험을 확인하는 이유이기도 하다.

'탁상공론(卓上空論)'은 책상에 앉아 현실적이거나 건설적인 대안을 제시하는 것이 아니고 발목을 잡기에 급급한 비현실적 얘기만 하는 것을 일컫는 말이다. 기업가들이 가장 싫어하는 단어 중 하나로서 해 보지 않고 안

되는 이유만 찾는 듯한 인상이 강하다. 기업이 경영을 영위하는 과정에는 위험과 불확실성이 늘 함께 하지만 그 과정에서 이윤을 추구하기 위해 부단한 노력을 경주하는 것이 기업가 정신이다. 기업가들은 '위기는 기회'라고 역설하면서 '도전정신'과 '창의성'을 강조한다. 그런데 탁상공론은 이와 같은 기업가 정신에 찬물을 끼얹는 듯한 행동이다. 저항을 받는 것이 당연하다.

채용 과정에서 '가장 힘들었던 때가 언제인가요?', '어려웠다고 느끼는 것은 무엇인가요?'와 같은 질문을 하는 기업이 10곳 중 7~8개 기업이 될 만큼 위기극복 경험은 큰 관심의 대상이다. 기업이 질문하는 의도, 알고 싶은 것은 무엇일까? 적극성이다. 이와 더불어 도전정신과 열정, 호기심이 있는지 여부를 파악하려 한다. 상황이 어느 정도가 되었을 때 힘들어 하는지 또는 어렵게 받아 들이는지를 알 수 있다면 소위 '맷집' 정도를 가늠해 볼 수 있다. 다시 말해 '적극성'을 유추해 볼 수 있다. 난관을 극복한 사례에서 창의성을 기반으로 한 문제해결 역량의 과정을 탐문한다. 이처럼 기업은 그 어느 때보다 깊고 긴 불확실성을 타개하고 따라가기 버거울 정도의 변화 속도에 적극적으로 대응하기 위해 적극적이며 모험과 창의성, 협력과 융합이 탑재된 인재를 찾는 데 심혈을 기울이고 있다.

경험은 학력, 학점과는 무관하다. '생활의 달인'의 TV 프로그램을 보면 재야의 숨은 고수가 너무 많다. 생활의 달인은 대부분 '생계형'으로 시작해서 고수가 되었다. 출발은 먹고 살기 위해서였지만 보다 잘할 수 있는 방법을 찾으려고 부단한 노력과 과정 개발 덕분에 타인이 부러워하는 달인으로 등극했다. '일만시간의 법칙'이 맞다는 것을 증명이라도 하듯 말이다. 특별히 배움의 길을 선택한 것도 아니다. 거듭된 실패에서 굴하지 않고 불굴의 의지로 이겨낸 결과이다. 실패 앞에서 피하기보다 도전하면서 정면승부한 결과이다. '안된다'고 주저앉기보다 대안을 찾았기에 달인이 되었다. 달인으로 성장하는 길에 튀어나온 걸림돌을 디딤돌로 바꿔 놓았기에 가능했다. 기업이 찾는 인재상과 유사하다.

경험은 미래의 자양분이다. 경험은 연습의 일종이다. 21세기 삶은 지식처럼 머리로만 해결되는 것이 아니다. 달인은 반복된 연습의 결과이다. 연습의 결과가 습관이 되고 좋은 습관은 미래의 디딤돌이다. 경험은 말과 행동을 지배한다. 경험이 특이한 사람은 언행 또한 다르다는 것을 알 수 있다. 즉 세상을 바라보는 시각과 가치가 다르다. 바로 경험이 미래의 성장축이라는 것을 증명이라도 하듯이 말이다.

06 통찰력과 연결될 때 경험의 파워는 무한대

삶은 매 순간 선택과 선택이 연결되어 있다. 선택과 판단은 동전의 양면과 같다. 선택의 잘잘못 유무에 따라 경험의 가치가 달라진다. 잘못 선택한 경우에는 실패의 쓴 맛을 본다. 선택을 잘했을 때에는 승자의 여유를 만끽한다. 선택과 결과를 어떻게 받아들이느냐에 따라 미래의 모습은 양극화로 나뉠 수 있다. 사회 초년생의 경험은 탄탄함이 덜하다. 모든 것이 시작이기에 한 번의 경험으로 완벽하다고 자부하는 것은 성급하다. 수많은 경우의 수가 존재하고 앞으로도 발생한다. 학창시절 경험한 것을 종류별로 분류한 다면 손으로 꼽을 정도이다. 아주 다양한 경험을 두루 섭렵한 학생도 있겠지만 극소수일뿐, 대부분 학생들의 경험은 제한적이다.

애니메이션 '라이온 킹'에서 라피키는 라이언에게 이런 말을 한다. "과거는 아플 수 있어. 하지만 둘 중 하나야. 과거로부터 도망치거나 배우는 거야 (Oh yes, the past can hurt. But the way I see it you can either run from it or learn from it.)" 아픔으로 점철된 과거라 하더라도 배울 점이 있다는 것을 강조하면서 변화무쌍한 21세기를 살아가는 우리에게 강한 메시지를 던진다.

유사한 경험이 나만의 차별성으로 부각되려면 어떻게 해야 할까? 통찰력(insight)이다. 사물이나 현상을 짚을 줄 아는 능력으로 일컬어지는 통찰력이야말로 성장의 마중물이다. 또한 통찰력은 데이터가 정보로, 정보가 지식으로, 지식이 지혜로 성장하는 확장성을 갖고 있다. 즉 나무에서 출발한 데이터가 숲을 바라보고 자연을 아우를 수 있는 것이 통찰력이다. 통찰력은 깨달음, 성찰과 맥을 같이 한다. 경험의 성공 유무를 떠나 매번 발생한 과정과 결과를 분석하고 앞으로 결정의 든든한 버팀목으로 활용할 때 오늘보다 나은 내일이 보장된다. 기업은 통찰력이 뛰어난 인재를 원한다.

그 어느 때보다 불확실성이 극성을 부리고 있고 변화는 상상 이상으로 급진전하고 있기에 나무에 매몰될 시간적 여유가 없다. 전체 숲을 보면서 현안도 해결하고 미래지향적 발전을 모색해야 한다. 숲에 길을 내야 한다면 누가 이용하는지에 따라 경사도와 보행로의 넓이를 달리해야 하듯이 말이다. 이렇듯 전체를 조망할 줄 아는 역량을 보유한 인재는 기업이 언제라도 모셔가려고 대기하고 있다.

　앞에서 설명했던 카페 아르바이트 사례를 다시 한 번 살펴보자. 별다른 생각 없이 하루를 보내고 계약기간이 끝났다면 기억에 남는 것은 '고객에게 커피를 만들어줬다', '카페 청소를 했다' 정도일 것이다. 반대로 근무 중에 발생하는 다양한 이벤트에 '당연함'이나 '익숙함'을 버리고 '왜'라는 의문을 제기한다면 결과는 달라진다. '동 시간대에 많은 고객의 쏠림현상을 어떻게 해소하면 좋을까?'라는 문제제기와 대안을 모색하려는 자세는 자신의 장점을 도드라지게 돋보이게 하면서 차별성으로 부각될 수 있다. 현실적으로 맞닥뜨린 문제를 어떻게 해결할 수 있을지 고민하고 해법을 찾는다면 분명 통찰력의 힘을 경험할 수 있는 기회가 생긴다. 자기소개서와 면접에서 당당하게 자신을 드러낼 수 있는 경험의 하나가 된다.

07 경험에도 등급이 있다

　수영은 어디에서 하느냐에 따라 즐거움일 수도 있지만 두려움으로 다가올 수 있다. 수영장에서 수영을 하는 것과 한강에서 수영할 때, 바다에서 수영할 때 느낌이 분명 다르다. 청년기 시절 동안 경험한 것이 다를 수도 있지만 유사할 확률 또한 높다. 동일하거나 유사한 경험이더라도 등급으로 분류해 보자. 분류 기준은 자신만의 눈높이로 다양하게 정할 수 있다. 수영과 같이 경험한 장소로 구분할 수도 있다. 경험 횟수도 가능하다. 아니면 통찰력 기준으로 정리할 수도 있다. 필자는 통찰력을 적극 추천한다.

청년기 시절 취업에 필요한 모든 것을 경험하기는 쉽지 않을 뿐 아니라 불가능하다. 부족한 부분은 입사 후 포부에 반영하면 된다. 그렇다면 경험의 등급은 어떤 것일까? 복잡하게 생각할 필요가 없다. 대, 중, 소로 나누어도 좋고, 1단계, 2단계, 3단계도 좋다. 아니면, 초급, 중급, 고급으로 분류해도 좋다. 세 가지로 구분할 것을 권장한다. 세 가지를 초과하면 너무 많을 뿐 아니라 산만해 보인다. 세 가지 미만일 경우에는 너무 없어 보일 뿐 아니라 성의 부족으로 오해할 수도 있다. 3등급으로 분류하되 기준을 잘 선정하는 것이 중요하다. 기준이 무엇이냐에 따라 풀어나갈 얘깃거리가 달라진다.

굳이 경험을 등급으로 나누는 이유는 무엇인가? 구체적이며 명확하게 자신의 스토리를 전개하기 위함이다. 자기소개서 멘토링이나 면접위원으로 활동하면서 느낀 것은 너무 평이하거나 상식적 내용으로 기술하거나 답변하는 모습에서 차별성을 구분하기가 매우 어려웠다. 인사담당자 대상으로 설문조사한 결과에서도 이런 현상을 확인할 수 있다. 자기소개서 중 80~85% 정도가 내용이 유사하다고 답변했다. 경영부문 지원자는 동아리 회장 또는 부회장, 재무 회계 분야 지원자는 동아리 총무를 경험했다고 대부분 기술한다. 지원자 대부분이 회장 아니면 부회장, 총무라고 한다면 그 사실을 어떻게 파악할 수 있겠는가? 갈등 상황이 발생했을 때 극복 사례가 무엇이냐는 질문에는 대부분 지원자가 '경청과 배려'라는 키워드로 주어진 공간을 채우려 애쓴다. 구체성과 명확성이 결여된 자기소개서나 면접의 답변을 들으면서 어떻게 적합한 인재라고 판단할 수 있을지 의문을 갖게 된다. 채용담당자가 안타깝게 여기는 부분이기도 하다. 경험을 구체화하는 데 심혈을 기울여야 한다. 학창시절의 경험은 결과도 중요하지만 도달할 때까지 과정도 결과만큼 소중하게 다루어야 한다는 점 잊지 말자.

08 영화 '마션(The Martian)'과 경험의 중요성

영화 '마션'은 2015년도 화제작이었다. NASA 아레라스3 탐사대는 화성을 탐사하던 중 모래폭풍을 만나 죽음에 직면하면서 구사일생으로 팀원 마크 와트니만 남겨 놓고 탈출한다. 죽었던 줄 알았던 마크 와트니는 극적으로 생존했고 화성에서 어떻게든 탈출하려고 온갖 방법을 모색한다. 21세기 기업이 겪고 있는 진퇴양난의 어려움과 유사하다. 문제해결 능력의 진수를 보여주는 것이 영화 '마션'이다. 지식과 경험의 힘이 잘 드러나는 한 편의 대 서사시이다. 물과 식량 해결도 압도적이었지만 자신이 살아있다는 것을 지구와 통신하는 장면도 아직까지 생생하다.

먹거리는 감자를 싹을 틔워 해결한다. 수소와 산소분자를 이용해 식수를 만들어 갈증을 해소하면서 배고픔과 목마름의 급한 불은 껐다. 감자와 물도 제한적이었기에 하루 빨리 지구와 통신을 해서 귀환할 수 있는 방법을 찾아야 했다. 그 방법은 10진수를 16진수로 변환하여 통신을 재개하는 기발함을 보여줬다.

영화이기에 허구성을 가미했다고 하지만 하루가 다르게 발전하는 기술력, 소비자 선호도 변화, 국내외 원자재 가격의 불안정성, 기후변화에 따른 불확실성 증대, 예측 불가능한 국내외 정치 등 360도 다방면으로 포위되어 있는 21세기 기업 경영환경을 타개하는 데 진수를 보여주는 영화가 아닐까 싶다. 지식의 유용성은 여전히 존재한다. 다만 저장과 활용면에서 과거보다 엄청 수월해졌기에 중요도 측면에서 완화되었을 뿐이다. 그 자리를 개인마다 체득한 경험이 대신하고 있다. 영화 '마션'은 기본적인 지식에 직간접적으로 체득한 경험을 덧대어 문제를 풀어갈 해법을 제시했다는 점에서 의미가 남다르다. 일상에서 한 걸음 물러나 사물을 바라보거나 실패를 두려워하지 않는 도전이 값진 경험을 체험할 수 있게 할 것이다.

4차 산업혁명 시대의
기업은 어떤 인재를 원하는가?

PART 2
4차 산업혁명과 인재상 진화론

Chapter 1 4차 산업혁명과 노마드형 인재
Chapter 2 '노마드형 인재'가 되려면?
Chapter 3 기업은 이것이 알고 싶다!
Chapter 4 역량 = 성격 + (환경 × 노력^n)

PART 2
4차 산업혁명과 인재상 진화론

Chapter **1**

4차 산업혁명과 노마드형 인재

01 노마드형 인재

　기업은 '노마드(nomad)형 인재'를 찾기 위해 심혈을 기울이고 있다. 삼성, 구글 등 어떤 글로벌 기업을 막론하고 인재 모시기에 열을 올리고 있다. 과연 '노마드형 인재'는 누구일까?

　'노마드(nomad)'는 유목민을 일컫는 라틴어이다. '노마드(nomad)'에 대한 또 하나의 접근방법은 미디어학자 마셜 매클루언(Marshall Mcluhan)의 '사람들은 빠른 이동과 함께 전자제품을 이용하는 유목민이 될 것이다'*라는 예언에서 찾아볼 수 있다.

　결국 디지털 기기를 활용하면서 시공간의 제약을 극복하고 자유롭게 사는 사람들로서 제한된 가치와 삶의 방식에 구애받기 보다 끊임없이 스스로

---

* 네이버 지식백과(2023). 노마드. https://terms.naver.com/entry.naver?docId=2275721&cid=42251&categoryId=51187

의 변화를 추구하는 유목민으로 해석될 수 있다. 기능화되고 지식으로 중무장된 전통적 산업형 인재에서 벗어난 '인재 4.0'이라 할 수 있다.

디지털로 중무장한 4차 산업혁명 시대에 전형적인 아날로그 방식의 삶을 유지하는 유목민이 왜 화두가 될까? 유목민의 일상을 다룬 다큐 프로그램을 쉽게 접할 수 있어 유목민의 생활을 상상하는 데에는 어려움이 없을 것이다. 유목민은 '정착' 대신 자연과 더불어 '유랑'을 선택한다. 수시로 주거지를 옮겨야 하기에 '게르'를 접고 펴야 한다. 먹는 물이 부족하고 한 겨울에 추위를 견뎌 내야 할 뿐 아니라 소중한 가축을 늑대와 같은 짐승으로부터 보호해야 한다.

한마디로 '유랑'의 삶은 극복해야 할 난관이 산적한 어려움의 연속이다. 대신 얽매임이 없고 자유분방한 삶을 보낸다. 얼굴은 늘 찌푸림보다 밝은 모습이다. 현실적 상황을 인정하고 받아들이면서 어떻게 극복할 것인지에 삶의 지혜를 총동원한다. 기본적으로는 자연에 순응한다. 다만 생존하기 위해 상황에 맞게 대처하는 법을 어릴 때부터 배워 독자적으로 역경을 이겨 낸다. 자기주도형으로 기업이 요구하는 역량을 모두 갖췄다고 해도 무방할 정도이다.

그렇다면 '노마드(nomade)형 인재'가 뜻하는 것은 뭘까? 한마디로 정의한다면 '자유분방한 사고를 겸비한 창의적 인재'이다. 다른 말로 표현한다면 '협력하는 괴짜'이다. 자신만의 독특한 삶의 방식이 존재하지만 필요할 때에는 주변과 협업할 줄 아는 유연성을 갖춘 인재이다.

조금 더 구체적으로 접근한다면 '주어진 역할에 대해 스스로 인지하고 풀어 나가는 자기주도형(self-leadership)이자 문제해결 역량을 갖추고 있으며, 어떠한 상황에서도 대처가 가능한 양손잡이형, 자기보다 덩치가 더 큰 먹잇감도 주변을 잘 활용하고 선택과 집중할 줄 아는 거미형 인재'이다.

02 노마드형 인재의 네 가지 유형

빌 게이츠는 챗 GPT가 세상을 바꿀 것이라고 예언할 정도로 21세기는 하루하루가 색다르다. 색다름은 신기함과 함께 불확실성으로 몰려온다. 4차 산업혁명 시대는 그 어느 때보다 짙게 드리워진 불확실성의 안개를 헤쳐 나가면서 수익을 창출해야 한다. 기업은 답답할 수밖에 없으며 하루하루가 살얼음판을 걷는 심정이다. 단순히 성실 근면한 인재, 말 잘 듣고 눈치 빠른 인재, 조직 적응 잘하는 인재는 이 험난한 파고를 헤쳐 나가기가 쉽지 않다.

21세기 당면한 현실의 다양한 국면을 헤쳐 나가려면 '자기주도(self-leadership)형 인재'가 으뜸이다. 자기주도는 주인의식이라 할 수 있으며 반대 개념으로는 '마마보이'가 적합할 것이다. '마마보이'는 한때 혐오 상위에 링크되기도 했던 단어로서 주체적으로 할 수 있는 것이 없을 때 비유하는 말이다. '어떻게 할까요?'라고 상사 또는 전문가에게 자문을 구하는 것이 잘못된 것은 아니다. 오히려 장려할 만한 행동이다. 다만 신입사원일 때 또는 새로운 직무를 담당하게 되었을 때에 한정하여 짧은 기간 동안 허용된다. 늘 자문을 구하는 방법으로 업무를 처리한다면 자신뿐 아니라 구성원까지 시간과 노력이 두 배 이상 투입되어야 한다. 자기주도형은 자신의 역할에 대한 명확한 인식에서 출발한다. 자신으로 인해 이타적 불편함을 초래하지 않으려고 최선을 다한다. 가급적 스스로 해결하려는 의지가 강할 뿐 아니라, 부족한 전문성은 빠르게 보완하기 위해 세부적 계획을 수립하고 실천한다. 자기주도형 인재는 '성장 배경', '성격 장단점', '입사 후 포부'의 답변에서 잘 드러날 수 있다. 작성 방법은 Part 4의 Chapter 1 '맞춤형 자기소개서란?'을 참조하자.

입사 2년차인 홍길동은 인사부문에서 기업교육을 담당하고 있다. 경제학도이자 부전공으로 경영학을 이수한 홍길동은 신입사원 교육에서부터 조직문화까지 다양한 프로그램을 일년 내내 쉴 틈 없이 운영하고 있다. 아직도 기업교육에 대해 알고 싶은 것도 많고 전문 역량이 부족하다는 것을 안다.

홍길동의 주요 업무는 교육대상자 선발, 교육 안내문 작성과 발송, 교육 진행, 결과 분석 등 사후관리까지로 기업교육 대부분이다. 기업교육의 꽃이라 할 수 있는 프로그램 기획은 전문역량 부족으로 아직 기회가 없다. 홍길동은 자신의 역할을 충분히 인지하고 업무 공백을 최소화하기 위해 자신만의 월간, 주간 업무계획을 만들어 운영한다. 퇴근하기 전에 내일 진행해야 할 업무를 점검하는 것도 빼 놓지 않는 일과 중 하나이다.

홍길동은 교육 프로그램 기획에 필요한 전문역량을 기르기 위해 외부 전문교육기관의 온라인 프로그램(3개월)을 신청해서 학습 중이다. 틈날 때마다 기업경영 관련 변화 추이를 분석하고 세대간 특징을 파악하여 프로그램 운영에 반영한다. 매주 기업교육팀의 회의에서는 그동안 궁금했던 내용을 자료로 정리해서 발표하면서 이타적 의견을 수용하려고 노력한다.

홍길동은 자신의 역할에 대해 충분히 이해할 뿐 아니라 자신으로 인해 다른 동료들에게 피해가 가지 않도록 준비와 점검하는 것을 빼 놓지 않는다. 그 만큼 자신

> 관리에 철저하다. 아울러 부족한 전문역량은 체계적으로 습득하기 위해 외부 전문기관 교육과정을 활용하면서 내부 전문가에 자문을 구하는 등 최선을 다한다.

둘째, '문제해결(problem solving)형 인재'이다. 문제해결형은 4차 산업혁명 시대에 필요한 역량이며 구글에서도 요구하는 채용기준 중 하나이다. '문제해결 능력'은 업무를 수행함에 있어 여러 문제상황이 발생할 경우 창조적이고 논리적이며 비판적 사고를 통해 올바르게 인식하고 적절히 해결하는 능력이라고 국가직무능력표준(NCS)에서 정의한다. 최근 문제들은 과거와 달리 더욱 복합적이고 다양한 형태로 표출되며 더군다나 발생과 해결의 시급성이 요구될 만큼 빠르게 진행된다.

문제해결은 '문제를 문제로 인식하기'에 따라 해법과 결과가 달라진다. 업무를 진행하면서 겪게 되는 다양한 문제의 해결은 자신이나 조직이 얼마나 문제로 인식하고 해결하려는 의지가 있느냐에 달려 있다. 또 하나는 '문제 인식 시기'이다. 버스정류장에서 승차할 버스가 지나갔는데 손을 흔들면 어떻게 될까? 다음 버스가 올 때까지 기다려야 한다. 문제를 문제로 받아들이는 타이밍도 문제해결에 주요 열쇠 중 하나이다.

> 가전제품을 생산 판매하는 별표주식회사는 제품 품질 우수성과 가격 경쟁력 우위로 시장점유율 1위 기업이다. 예기치 못했던 코로나19로 최근 3년간 매출액이 정체 또는 하락추세이다. 기업 차원에서 원인 규명과 함께 마케팅 파트에 독려하는 등 다각도의 노력을 기울이고 있다.
> 별표주식회사는 내부적으로 코로나19와 전 세계적으로 확산되고 있는 불확실

성으로 저성장이 지속되면서 소비지수가 하락했다고 분석했지만 경쟁회사는 한 자리이지만 꾸준히 매출액이 상승하고 있다는 것을 확인했다. 마케팅 파트에 근무하는 홍길동은 경쟁회사와 제품 품질과 가격 경쟁력을 비교한 결과 별표주식회사가 우위를 점하고 있다는 것을 새삼 확인했다. 원인이 무엇인지 면밀히 분석한 결과, 매출액 하락에 대한 대처방법에 문제가 있음을 확인했다. 내부적으로 문제 해결하기에는 시간이 많이 소요될 뿐 아니라 뚜렷한 대안이 없을 것 같다는 판단으로 외부 전문기관에 의뢰할 것을 제안했다. 컨설팅 결과 소비시장의 변화 추이에 너무 안일하게 대처한 것이 원인이었다. 1인 가구 증가, MZ세대 소비 성향, 신혼부부 생활 패턴에 대한 이해 부족이 제품 다양성으로 연결되지 않아 제품 선호도가 낮아졌다는 결론을 도출할 수 있었다.

별표주식회사가 시장 점유율 1위라는 달콤함에 젖어 매출액 감소가 기업경영에 악재가 될 것이라는 문제로 인식하지 못했거나 해법 도출 시기가 늦어졌다면 별표주식회사의 미래는 담보하기가 쉽지 않았을 것이다. 홍길동이 제시한 매출액 하락 원인 규명과 해결 방안 제시도 시의적절했으며 홍길동의 제안을 흔쾌히 수용한 경영층의 결단도 돋보였다.

셋째, '양손잡이(ambidexter)형 인재'이다. 양손잡이형 인재는 편협되거나 고정관념에 갇히지 않고 자유분방하며 상대의 의견을 존중하고 수용할 줄 아는 유연성의 소유자이다. 우리나라 축구 선수들은 다른 국가에 비해 오른발과 왼발을 자유자재로 사용한다. 이 장점은 유럽 프로축구에서 유감없이 발휘되면서 이타적 구단의 호기심에 불을 지피는 원인이 되기도 한다. 정해진 포지션을 잘 소화해야 하는 것은 프로선수로서 당연하다. 소속 선수들이 정해진 포지션에만 특화되어 있다면 감독은 상대방에 따라 변형적인 전략을 펼치기가 얼마나 어렵겠는가? 토트넘의 손흥민 선수는 양발 모두 사용 가능하다. 왼쪽에서도 오른쪽에서도 골을 만들어 낼 수 있는 선수이다. 이런 선수가 많이 있을수록 포지션 이동을 통한 전략을 자유자재로 펼칠 수 있다. 한 마디로 임기응변으로 위기를 극복할 수 있는 활용 가능한 카드가 많다는 의미이다.

4차 산업혁명 시대는 과거의 틀에 발목이 잡혀 있어서는 안 된다. 고정관념에서 벗어나야 한다. 새로움을 접목해야 한다. 익숙함과 당연함에 '왜'라는 의문을 제기하고 이타적 의견에 '안돼'라는 부정적 접근보다 왜 그렇게 해야 하는지 다양성을 이해하려는 유연성을 갖춘 양손잡이형 인재가 경쟁력이 있다. '우물을 파려면 한 우물만 파라'라는 명제가 설득력을 가졌던 적이 있었다. 이제는 달라졌다. 집중해서 한 우물 파기를 고집했을 때 보장받았던 장점은 온데간데없어졌다. '파괴적 기술'과 '초경쟁'의 시대 도래로 미래 먹거리를 늘 고민해야 하는 때가 되었다. 이런 이유로 양손잡이 경영(ambidexterity management)이 최근 다시 주목받는다. 원가 우위 경영전략은 기업경영의 감초이지만 그것만으로 경쟁우위 확보를 보장받을 수는 없게 되었다. 소비자 맞춤형 전략과 같은 차별화를 추구하는 행위가 동시다발적으로 동반되어야 하므로 '양손잡이형 인재'가 박수를 받는 것이다.

> 기업교육 담당자 홍길동은 경제학도로서 경영학을 부전공했다. 경영에 관심이 많아 경제학과 경영학을 두루 섭렵했다. 입사 후 기업교육 전문가가 되기 위해 온라인 과정으로 학습을 했으며 대학원에서 전문적 지식과 혜안을 쌓았다. 입사 후 5년이 경과된 지금은 기업교육 분야에서 전문가다운 의견을 제시할 정도의 수준까지 되었다.

2018년 7월부터 '주52시간 근무제'가 시행되면서 기업이 주도하는 기업교육이 한계에 부딪치게 되었다. 대안으로 '경력개발프로그램(Career Development Program)'을 제시하였다. 홍길동은 회사에 사용할 경력개발프로그램을 개발하기 위해 요건정의에서부터 프로그램 개발까지 일정, 예산, R&R 등을 검토했다. 문제는 경력개발프로그램을 개발할 IT 담당자가 회사 내 없다는 점과 외부 인력을 충원할 만큼 예산적 여유가 부족하다는 것을 확인했다. 이 때 홍길동은 대학교 동아리에서 코딩에 관한 기초적인 지식을 습득했고 홈페이지 등 간단한 것을 개발했던 경험을 떠올렸다.

IT 전문가보다 시간이 더 걸리겠지만 홍길동은 개발에 도전했다. IT 전문가의 도움은 당연히 받는다는 전제 조건이었다. 3개월 예상했던 개발기간은 4개월이 조금 지나 완료되었고 고급스럽지는 않지만 사용에 불편함이 없는 수준으로 개발이 완료되었다.

4차 산업혁명 시대는 한 우물만 파서는 안 된다. 연계, 접목, 융합이 언제든지 이루어져야 하므로 대응 역량이 필요하다. 홍길동이 기업경영 관련 지식만 잘 아는 인재였다면 경력개발프로그램은 개발을 포기하거나 지연되어 필요한 시기에 운용할 수 없었을 것이다. 다소 어설프지만 프로그램을 개발할 수 있는 역량을 갖추고 있어서 대체 가능했다.

마지막으로 '거미(spier)형 인재'이다. 반대 개념은 '개미(ant)형 인재'이다. 기존 산업 틀에서는 주어진 환경에서 주어진 일을 근면하고 성실하게 일하는 개미형 인재가 선호되었다면 4차 산업혁명 시대는 '거미형 인재'가 더 적합하다. 거미는 미래를 읽는 통찰력으로 누구도 상상하지 못한 곳에 미리 거미줄을 설치한다. 거미형 인재는 자신만의 좁고 깊은 지식에 주변의 환경을 잘 활용할 뿐 아니라 또 다른 전문성과 연계하고 접목하려는 끊임없는 융합 시도로 지속적인 가치를 창출한다. 거미집에서 연결과 융합의 의미를 찾아 보자. 적극적으로 미래를 읽을 줄 아는 통찰력에 전문성과 보편성을 갖춘 다재다능한 T자형의 특성을 겸비한 인재이면서 소통 역량을 갖췄기에 기업으로부터 선호 받는다.

4차 산업혁명 시대는 일관된 인격을 소유한 인재를 선호하던 과거와 달리 그 때마다 모양을 바꾸면서 적절히 대응하는 인재가 우대받는다. 꿀벌이 되기까지 과정을 살펴 보면 애벌레에서 번데기, 번데기가 성충으로 성장하면서 다채롭게 모습이 바뀌는 것을 볼 수 있다. 아울러 성체가 된 꿀벌은 꽃과 꽃을 연결하면서 열매를 맺을 수 있도록 협업의 기능도 수행한다. 이제는 필요에 따라 일상이 쪼개지고 뭉치면서 종전과는 전혀 다른 패러다임이 되었다. 일관된 모습보다는 상황에 맞춰 변화무쌍한 모습으로 변신하는 인재가 더 적합하다는 것을 깨닫는 요즘이다.

세상의 흐름을 읽을 줄 알아야 한다. 숲을 바라보면서 미래지향적으로 판세를 읽을 줄 알고 다가오는 위험에 대비해서 기존의 틀을 바꿀 뿐 아니라 구획 정리를 통해 새로운 판을 펼칠 줄 아는 거미형 인재가 기업으로부터 뜨거운 호응을 받는다. 거미의 미래지향적 판단은 곤충들의 습성을 읽을 줄 아는 트렌드 분석 역량이다. 곤충이 어떻게 움직이는지를 면밀히 관찰하고 분석한다. 분석 결과에 따라 가장 적합한 장소에 거미줄을 생성한다. 거미줄은 단순히 먹잇감을 잡기 위한 것이 아니다. 자신의 전문 역량과 이타적 전문성을 연결한다는 의미도 담겨져 있다. 트렌드는 환경변화에 따라 바뀐다. 그 흐름을 쫓는 능력이 세상과 가까워지고 친숙해지는 지름길이다. 아니 미래를 책임지는 자세이다.

홍길동은 아이스크림 제조 판매하는 ㈜별표 경영전략팀에 근무한다. 최근 아이스크림의 경쟁은 그 어느 때보다 치열해졌고 원가 상승으로 가격경쟁력에서 우위를 점한다는 것은 쉽지 않다. 낙농가의 우유 가격과 인건비 상승, 물류비용 인상 등 가격 인하요인보다 가격 상승 요인으로 매일 보이지 않는 압박을 받고 있다.

홍길동은 원가 절감 방안을 고민 중에 있다. 다양한 방안을 강구하던 중 우리나라의 뛰어난 IT 기술을 아이스크림 판매와 접목해 보면 어떨까라는 구상을 했다. 베이비부머 세대의 은퇴가 마무리되면서 새로운 일거리를 찾는 고령인구가 많아지고 있다는 점에 착안했다. 10가구 중 4가구가 1인 가구라는 점, 코로나로 인해 강제적으로 사회적 거리두기가 실시되고 있다는 점을 반영하여 '무인 아이스크림 판매 매장' 운영을 제안했다.

아이스크림 제조에는 원가 상승요인이 있어 수익 창출에 영향을 받지만 무인매장 운영은 관리비용을 절감할 수 있어 상쇄할 수 있다는 결론에 도달하게 되었다. 아이스크림 무인매장은 다른 곳과 달리 인테리어에 많은 비용을 투자할 필요가 없어 초기 투입비용이 저렴한다는 장점도 있다.

무인으로 운영되므로 구인 부담과 인건비에 자유롭다는 잇점이 있을 뿐 아니라 관리에 불필요한 에너지를 낭비할 필요가 없다는 장점도 있다. 아울러 저렴한 관리비용은 부가가치를 높일 수 있는 매력으로 다가왔다.

무인매장은 아이스크림에 한정되지 않고 빠르게 확산되고 있다. 무인육류 매장에서 부터 무인밀키트, 무인반찬, 무인과일, 무인편의점, 무인카페 등 다양한 품목으로 번지고 있다. 홍길동은 다가올 미래의 트렌드를 미리 읽고 회사의 부담을 경감시키면서 사회적 이윤을 극대화시킬 수 있는 방안으로 위기를 극복할 수 있었다.

03 디지털 발전과 노마드형 인재

'손목시계형 웨어러블 디바이스'에 포함되는 '스마트 워치(smart watch)'는 지금으로부터 약 140여년 전 독일제국의 초대 황제인 빌헬름 1세가 독일 해군장교를 위해 만든 군용 손목시계에서 시작되었다고 볼 수 있다. 손목시계는 오랜 세월 기술의 발전에 힘입어 오늘날의 스마트 워치가 되었다.

손목시계에 통화기능이 부가된 스마트워치가 국내에 출시된 것은 1999년이다. 갤럭시 기어는 2013년에, 애플워치는 2014년도에 세상에 선을 보였다. 2023년도에 사용되고 있는 스마트 워치는 시계 본연의 기능을 넘어 다양한 기능이 부가되어 시계로 구분한다는 것이 의미가 없어졌다. 그 만큼 시계라는 단순화에서 전화기, 일정관리, 메일 등 다기능화되었다.

손목시계가 생산되던 140여년 전과 스마트 워치가 일상화된 지금의 인재는 어떻게 달라졌을까? 종전의 시계 제조라인은 생산 매뉴얼에 따라 조립을 잘 하는 생산직이 필요했다면 지금은 고객의 다양한 소비 욕구를 담아 낼 줄 아는 인재, 세상의 변화를 읽어낼 줄 아는 센스메이킹(sense making)의 인재, 늘 '왜'라는 의문으로 새로움을 창조할 줄 아는 인재가 요구된다. 기업의 인재상이 변하는 것은 '생존'과 '대외 경쟁력'을 높이기 위해서 선택할 수 있는 방법 중 하나이다. 필요 인재를 채용하는 것이 기업의 가치를 높일 수 있다는 판단이다. 이처럼 경영환경이 변하면 채용 트렌드가 바뀐다. 다시 한 번 강조하지만 산업화 초기의 기능형이자 지식형의 인재보다는 숲을 보면서 자연을 조망하고 미래지향적으로 문제를 해결할 줄 아는 인재를 모시려는 이유이다. 선배들이 쌓은 피라미드 제일 아래 단에 위치한 인재가 아니라 선배들과 어깨를 나란히 하는 인재가 우대받는 시대이다.

Chapter 2

'노마드형 인재'가 되려면?

이구동성으로 대화형 인공지능 챗 GPT가 세상을 바꿀 것이라고 전망한다. 기술의 발전은 기업의 산업환경을 바꾸었고 변화된 산업환경은 인재상을 비롯한 기업경영의 틀을 새롭게 펼치고 있다. 그 중 하나가 '인재 4.0'의 플랫폼 인재로 불리워지는 '노마드(nomad)형 인재'이다.

태어나면서부터 기업에 적합한 인재는 없다. '맹모삼천지교(孟母三遷之敎)'와 같이 주어진 환경의 개선이 가능하다면 좋겠지만 대부분 그럴 수 없다는 것을 알고 있는 현실에서는 환경을 적절히 활용하면서 노력을 곁들일 때 '노마드형 인재'로 성장할 수 있다.

디지털과 스마트 혁명에 있어 인공지능이 일상 깊숙이 자리매김한 이 시대에는 과거 방식으로 해결하려는 시도는 어리석음을 넘어 무모하다. 기존 경험과 지식이 나름대로 의미는 있지만 미래지향적 관점에서는 큰 의미가 없다. 4차 산업혁명의 쓰나미는 기존의 것을 송두리째 바꾸거나 내려놓으라고 요구한다. 전통적 형태의 기능화되고 지식화된 산업형 인재는 21

세기의 문제를 해결하기에 벅차다는 것을 느낀다. 플랫폼 인재로 불리우는 노마드형 인재로 거듭날 수 있는 방법에는 어떤 것이 있을까? 자기주도적 습관을 만들 수 있는 방법은 뭘까? 창의적이고 다양한 아이디어를 내려면 어떻게 해야 할까? 미래 지향적이며 숲을 볼 줄 아는 맥락과 통찰력을 기르기 위해서 할 수 있는 것은 뭘까?

01 적극성과 책임감, 그리고 주인의식

스스로 주도적으로 자신의 일을 이끌어 나가는 성질을 '자기주도성'이라 한다. 자기주도성은 일터에서 맡은 일에 대한 '주인의식'과 유사하다. 보다 나은 자신을 위해 적극적이며 자신의 역할에 책임을 지는 성격을 형성시키는 마중물이다. '맡길 인재'가 갖추고 있는 특징 중 하나이다.

'부릴 인재' 또는 '잉여 인재'에게서는 찾아보기 힘들다. 무엇을 해야 할지 명확히 이해하고 자신의 역할에 맞도록 일정과 과업 위주로 계획을 수립하고 실천한다. 아울러 부족한 전문성을 채우기 위해 다양한 노력을 경주한다.

21세기 기업은 일일이 리더가 지시하고 점검과 피드백을 수행할 만큼 여유롭지 못하다. 자기주도적으로 맡은 일에 대해 권한과 책임감으로 임해야 한다. 그 만큼 상황이 급박하게 돌아간다는 증표이다. 역량 육성도 '기업 주도'에서 '자기주도'로 주체가 전이됨과 동시에 채용 기준도 '인재 확보'에서 '인재 활용'으로 변했다. 자기주도성 육성은 다양한 방법이 있지만 일상에서 쉽게 습관화할 수 있는 것은 무엇이 있을까?

「짜투리 시간」 활용은 경험의 종잣돈

이 세상 자원 중에 시간만큼 공평하고 공정한 것은 없다. 경제적 부유함이나 권력의 유무에 상관없이 모든 인류에 존재하는 생명체에게 똑같이 24시간이 주어진다. 어떻게 활용하느냐에 따라 결과는 천양지차(天壤之差)이다. 시간은 저축도 안될 뿐 아니라 재활용 대상도 아니다. 쓰고 나면 끝나는 철저한 소비재이다. 흘러간 시간은 되돌릴 수 없다. 오죽하면 '타임머신' 영화를 통해서라도 과거를 바꾸려는 상상을 할까? 지나간 시간은 그 즉시 과거가 되면서 한 장의 추억으로 기록된다. 그 추억이 '성공한 삶'은 아니더라도 '후회없는 시간'이 되려면 현재 '이 순간'을 정성을 다해 알차게 사용해야 한다.

하루 24시간에 얼마나 많은 짜투리 시간이 존재할까? 개인마다 각기 다르겠지만 일상적으로 행동과 행동 사이에 흩어진 시간의 파편을 이으면 엄청난 시간으로 재탄생된다. 이 시간을 최대한 적절하게 사용할 줄 아는 자가 사회에 진출할 때 웃을 수 있다. 학창시절은 누구에게나 주어진 공통된 시간이다. 남들이 부러워할 만큼 다양한 활동을 한 학생이 있는가 하면 늘 시간이 부족하다고 투덜대는 안타까운 학생도 있다.

인류의 역사는 시간이라는 공간을 엮어낸 이야기이다. 시간의 이야기를 엮어 놓은 동아줄이다. 자기소개서나 면접에서 소개되는 얘기는 지원자의 지나간 과거의 시간을 엮어낸 한 편의 드라마이다. 현재를 얼마나 올바르게 관리하느냐가 성공과 실패의 갈림길이자 주춧돌로 자리매김한다. 주춧돌 위치는 현재 이 순간을 '얼마나 올바른' 방법으로 관리했느냐의 결과물이다.

시간에 쫓기면 사냥감, 시간을 다스리면 사냥꾼이라는 얘기가 있다. 2022년 1/4분기 기준 국민이 하루 스마트폰 평균 사용시간은 5.2시간이다.* 수면시간을 제외한 활동시간을 고려할 때 하루의 30% 이상을 스마트폰으로 소비한다는 가정이 성립된다.

강의와 식사시간 등 필수시간을 제외하면 하루의 남는 시간 대부분을 스마트폰에 투자한다고 해도 과언이 아니다. 이 시간 중 불필요하게 소비되는 시간을 걷어내자. 해보고 싶은 것을 시도하기 위해 물길을 돌리자. 희망직무와 관련된 것이라면 더욱 바람직하다. 험난한 산길을 자동차로 이동할 때 다른 사람이 운전하는 차량에 탑승하면 멀미가 나지만 자신이 운전하면 큰 피로감을 느끼지 못한다. 시간을 누가 운전하느냐에 따라 결과가 엄청나게 다르다. 능동적이며 긍정적으로 시간을 운전한다면 분명 자신을 위한 좋은 결과로 이어질 것이다.

4차 산업혁명 시대는 공유경제를 넘어 구독경제로 치닫고 있다. 구독경제의 기본 개념은 다양한 경험을 권장한다. 짜투리 시간을 모아 경험에 활용하자. 대중교통 기다리는 시간에서부터 일상에 산재해 있는 시간의 파편을 모으면 다양한 경험할 수 있는 충분한 재원이 마련된다. '시간이 없어서'라는 변명은 자신에게는 위안이 될지 모르지만 이타적 공감대 형성은 어렵

---

* 아시아경제(2022. 5.16). 스마트폰 하루 5시간… https://cm.asiae.co.kr/article/2022051609325666353. 아시아경제

다. 그 결과는 쓴 맛으로 다가온다. 짜투리 시간에 힐링을 위한 음악을 들어도 좋다. 허투루만 사용하지 말자. 작은 성공의 습관이 큰 결과로 이어진다는 것을 잊지 말자. 주변에 산재해 있는 각종 유혹과 타협만 하지 않는다면 자신에 유리하게 짜투리 시간을 이용할 수 있다. 지금 잠시 책을 접고 짜투리 시간을 모아 보자.

'성공 습관'으로 좋은 습관 형성하기

자기주도는 분명함이 있어야 가능하다. 목표가 없다면 계획도 없고 계획이 없다면 실천할 것이 없다. 21세기 목표는 저인망식 그물방식보다는 '선택과 집중'의 낚시형 목표가 몰입도가 더 높다. 낚시형은 '목표의 명확성'에서 유리하다. 자신의 차별성이 두드러질 수 있는 깊이 있는 전문성 확보를 위해 목표가 분명하고 명확해야 한다. 또 넓고 얕은 전문지식은 경계를 넘나드는 창의성의 원천으로 이타적 융합을 위해 긴요한 쓰임새로 활용된다.

'입사 후 포부'에 대한 답변을 보면 안타깝게도 대부분 두루뭉술하다. 필자라면 자신의 욕망을 가감없이 드러낼 것 같은데 너무 조심스러운 나머지 수준을 많이 낮추어 평이한 수준이다. '입사하면 직무 관련 전문역량을 키우겠습니다'라는 답변은 어떤 의미로 해석이 가능할까? 무엇을 한다는 것일까? 자기소개서나 면접은 자신을 소개하고 홍보(PR)하는 과정이다. 어떤 면에서 다른 지원자와 차별적이며 두드러진 차별점이 무엇인지 홍보해야 하는데 대부분 피상적이면서 일상적인 내용으로 꾸며져 있다. 채용 과정은 '글 솜씨'나 '말 솜씨'가 아닌 자기만의 차별화가 두드러질 때 목표를 이룰 수 있다.

분명하고 명확한 목표는 세워 놓아야 하지만 단계별로 접근할 것을 권장한다. 전문역량은 세 단계로 구분해서 접근한다. 첫째, '진입 단계'이다. 재학기간 동안 지원분야의 전문역량을 높이는 것이다. 경영지원 부문 진출을 희망한다면 경영 관련 분야의 이론이나 지식을 접할 수 있는 부전공을 포함한 학과를 선택하거나 과목을 수강한다. 한국형 온라인 공개강좌(K-MOOC)를 활용하는 것도 방법이다. 경영이 무엇인지 살펴보면서 이해를 돕는 '총론 단계'로 볼 수 있다.

둘째, '정착 단계'로서 각론을 통한 전문역량 강화이다. 먼저 경영 직무에 필요 역량을 파악하고 그 분야에 필요 이론을 학습한다. 경영 기획을 위해 '경영전략'이나 '조직행위론'을 수강해도 좋다. 경영은 여러 분야와 협의하고 조율해야 하므로 의사소통이나 협업에 관한 내용도 학습하는 것도 바람직하다. 인턴이나 아르바이트 기회가 있다면 배운 것을 실현해 보면서 스스로 장단점을 기록하고 보완해 보는 것도 좋다. 학습한 것과 현장의 괴리가 무엇인지 인식하고 스스로 피드백하는 시간으로 활용한다면 바람직하다.

마지막으로 '활용 단계'이다. 총론과 각론을 통해 학습한 내용을 팀 활동이나 동아리에서 적용해 보면서 자신만의 노하우를 만들어 간다. 기회가 된다면 관련 직무 인턴 체험도 좋다. 경험이 인사이트(insight)로 내재화되는 단계이다. 상황별로 어떻게 다른지와 대응방법의 차이는 무엇인지 인지하는 것이 그 무엇보다 중요하다. 부족한 것은 교수나 주변 전문가에게 자문을 통해 채워 간다면 누구도 따라할 수 없는 특별하면서 독특한 소재가 될 것이다.

전문성이 있어야 하는 것은 누구도 부인할 수 없는 자명한 사실이다. 그 누구도 '그것은 아니야!'라고 댓글을 달 수가 없다. 다만 그 전문성이 한 자리에 머물러서는 안 된다. 매일 매일 진화를 거듭하고 있으므로 기업이나 개인 모두 긴장감을 늦추지 말고 평생학습을 통해 경쟁력을 높여야 한다. 기업은 지식보다 직무 중심의 경험이 중요하므로 다양한 경험으로 똘똘 뭉친 뛰어난 인재가 필요하다고 역설한다. 아쉽지만 아직까지는 취업을 준비하는 젊은이들이 다양한 경험을 할 수 있는 장이 열려 있지 않다는 것이 또 다른 딜레마이다. 더군다나 팬데믹의 강제적 사회적 거리두기는 쉽게 접근할 수 있었던 아르바이트 기회 마저 빼앗아 갔다. 그렇다고 환경만 탓하기에는 현실이 그렇게 녹록한 것은 아니다. 언제나 그랬듯이 변명은 자신을 위로해 줄 뿐 사회적 공감대를 얻기는 힘들다.

분명한 목표가 있고 단계별로 전문 역량을 높일 수 있다는 것은 자기주도적으로 성장할 수 있다는 것을 입증한다. '준비될 자'가 '준비된 자'로 성장하는 데 있어서 종전에는 기업이 주도했다면 이제는 본인의 역할이 되었다. 21세기 채용은 수시채용으로 '준비된 자'를 선택한다. 수많은 구성원을 일일이 조직이 끌고 갈 수 없다는 현실적 한계가 반영된 것이다. 드넓은 초원에서 말을 타고 사냥해야 하는데 사냥하는 법을 일일이 촌장에게 물어볼 수는 없다. 본인 스스로가 판단해서 매복할 것인지, 포기할 것인지를 판단해야 한다. 자기주도성 육성은 이러한 문제해결능력과 함께 올바른 선택과 판단을 할 수 있는 디딤돌 역할을 할 것이다.

02 문제해결 능력은 필요충분조건

문제(problem)는 늘 호시탐탐 우리 곁을 위협하고 있다. 시대에 따라 현안의 양과 질의 정도만 차이가 있었을 뿐 언제나 함께 해 왔던 동반자이다. 21세기는 불확실성으로 문제의 깊이와 넓이, 그리고 발생 빈도수가 그 어느 때보다 심각하다. 폭설이 쏟아질 때에는 아무리 눈을 치워도 제설작업의 흔적을 찾아 볼 수 없는 것과 같은 이치이다.

문제해결은 전문성이 뒷받침되어야 한다. 그렇다고 전문성이 없다고 해결이 안되는 것도 아니다. 다만 비용과 노력이 상대적으로 더 많이 투입되어야만 한다. 효율적으로 문제해결을 할 수 있는 방안에 대해 간단한 사례를 통해 의미를 되짚어 보자.

인지부조화 이론과 부정적 대화체

이솝우화의 '여우와 신포도'는 '인지부조화 이론'의 좋은 사례이다. 생각과 행동 사이에 간극이 벌어지면 어떻게 해결하기보다 먼저 부정적 사고와 행동으로 이어진다. 여우는 포도나무 아래에서 탐스럽게 익은 포도가 너무 먹음직스럽지만 높은 곳에 있어서 먹을 수가 없다. '어떻게 하면 저 포도를 먹을 수 있을까'에 대한 방법론을 찾기보다 '흥! 저 포도는 신맛이 강해서 어차피 먹어도 맛이 없을거야!'라고 자기행동을 합리화한다. 전형적인 '인지부조화 이론'을 보여준다. 인지부조화 이론은 생각과 행동 사이의 부조화 상태가 발생하면 혼란을 겪게 되고 이러한 혼란을 잠재우기 위해 기존의 태도나 행동을 바꾸게 된다는 내용이다. 먹고 싶지만 먹을 수 없기에 '맛있는 포도'가 '신맛이 강한 포도'로 둔갑하게 되는 것처럼 말이다.

이솝우화에서 느낀 것은 무엇인가? 문제해결을 위한 대안마련보다 잘못된 자기 행동의 합리화에 급급해 하는 모습을 발견할 수 있다. 일상에서 긍정보다는 부정적 단어를 더 많이 사용한다는 것은 다양한 실험에서 확인되었다. 그 이유는 불확실성과 불안감으로 심리적 퇴로를 만들어 놓으려는 것에 기인한다. 토론은 공동체에서 빼 놓을 수 없는 수단이다.

일반적인 회의에서 쉽게 볼 수 있는 모습은 상대방 제안에 부정적 의견 제시이다. '방금 얘기한 것이 가능할 수 있겠어? 잘 안 될텐데', '그렇게 하려고 해도 예산이 부족해서 안 될거야'라는 형태의 대화체이다. 대안 제시보다 자신을 보호할 수 있는 방어벽을 우선적으로 설치하는 듯한 대화가 난무하는 것을 볼 수 있다. '안돼'라는 대화체는 더 이상 대화의 진전을 가로막을 뿐 아니라 대안 제시마저 허락하지 않는다. 적극적으로 참여하려는 의지를 꺾는다.

사칙연산으로 문제해결능력을 기르자

부정어는 대안적 의미를 제각각 받아들이고 개인마다 다르게 해석할 여지의 틈을 주므로 불협화음의 시발점이자 소통의 걸림돌로 이어져 비생산적이다. 부정적 화법보다 대안 제시 방법으로 이어지면 훨씬 생산적이 된다. 대안 제시는 꼬리에 꼬리를 물면서 단절된 대화의 물꼬를 트는 힘을 발휘한다. 또한 대안 제시는 '집단지성'의 힘을 보여줄 뿐 아니라 구성원의 흥미를 유발하여 생각하지도 못했던 부분까지 끄집어 낼 수 있는 괴력을 보여준다. 말 한마디 바꿨을 뿐인데, 규칙 하나 새롭게 정했을 뿐인데, 비생산적인 회의가 생산적으로 탈바꿈할 때 언어의 보이지 않는 무궁한 힘을 새삼 경험한다.

팀 프로젝트나 동아리 활동 등 각종 공동체에서 다양한 토론 활동이 전개된다. 앞에서 설명한 것처럼 비효율적 회의 진행이 대부분이다. 생산적 회의로 탈바꿈하기 위한 토론 방법에 대한 원칙을 정해 놓고 진행하는 것을 연습해 보자. 4차 산업혁명이 추구하는 '선택과 집중'을 위해서도 필요하다. '꼬리물기'와 같이 대안 제시하는 회의 방법으로 사칙연산 방법을 사례로 제시한다.

첫째, '덧셈 방식'이다. 많은 의견이 도출될 수 있도록 토론의 장애물을 없애는 것이다. 어떤 의견이 제시되든 부정적 대화체로 진행을 가로막는 일이 없어야 한다. 무심코 섞어서 사용하는 부정적 단어가 얼마나 힘든 결과를 초래하는지는 다양한 토론에서 겪어 봤을 것이다. 상대방이 강하게 부정할수록 더 이상 말하기가 싫어진다. 단절의 '폐쇄형'보다는 덧댈 수 있는 '개방형'의 대화체를 활용하자. 개방형 대화체는 덧셈방식이다. 폐쇄형의 대화체는 당연함에 순응하고 복종함으로써 획일화되고 동질성을 강조하는 '위계조직'으로 환원되는 길이다. 4차 산업혁명 시대는 절대 허용되지 않는 조직이다. 다양한 의견이 버무려질 때 추구하는 목표에 가장 근접할 수 있다. 권위가 아닌 수평적 대화가 넘실대는 '역할조직'이 덧셈 방식을 키운다. 리더라면 다양한 의견이 회의 테이블에 올려질 수 있도록 수용성과 포용성을 발휘해야 한다. 그럴 때 차별적이고 독특한 경험이 된다.

둘째, '곱셈 방식'이다. 대안에 꼬리를 물어 또 다른 대안을 제시하는 방법이다. 각자 다름의 특징을 잘 버무리는 것이다. 식사 하기 전과 하고 난 이후에 잘 익은 사과를 바라보는 감정이 다르듯이 대안이 같다는 것은 의견이 없다는 것과 다를 바 없다. 다양하면서 이질적 의견이 많이 도출되는 것이 바람직하다. 비빔밥은 세 가지 맛이 있다. 지역의 차별적 특산물에 의한 맛과, 계절적인 맛, 개인 취향의 맛이다. 곱셈 방식은 이러한 비빔밥의 세 가지 맛이 잘 어울리고 시너지가 창출될 수 있도록 조화롭게 비벼야 한다. 언로가 막혀서는 안 된다. 다양한 의견이 표출될 수 있도록 토론의 장을 펼쳐야 한다.

셋째, '뺄셈 방식'이다. 효율적인 회의는 짧아야 좋다. 무조건 길다고 좋은 결과물이 도출되는 것은 아니다. 발표자는 전문적 지식을 겸비하여 설득력을 갖추되, 시간을 초과해서는 안 된다. 기준 시간은 토론 주제와 전체 시간, 참석자 등을 고려하여 매 회의 때마다 정하는 것이 좋다. 이 또한 획일적으로 정하는 것은 또 다른 폐쇄성으로 보일 수 있다. 이런 과정은 구성원의 전문역량을 함양시킬 뿐 아니라, 설득력을 포함한 효율적 커뮤니케이션 기법을 개선시키는 효과가 있다.

마지막으로 '나눗셈 방식'이다. 회의 결과는 공유한다. 잘된 것은 리더 몫이고 잘못된 결과물은 실무자 책임으로 돌리는 것은 무책임한 행위이다. 아울러 회의 결과에 대한 피드백을 남긴다. 회의 진행의 좋은 점과 개선할 점이 담긴 피드백은 다음 회의 때 중점적으로 반영할 내용이기에 소중하다.

사칙연산의 방법은 구성원에게 숨통을 틔어줄 뿐 아니라 세대간, 성별간, 개인간의 다름과 다양성, 차이를 반영할 수 있다. 팀 과제나 동아리 활동에서 적용해 보고 가장 최적화된 방법을 찾아보자. 분명 좋은 경험이 될 것이다. 기업이 빠짐없이 물어보는 '문제해결했던 경험'의 좋은 소재가 될 수 있으므로 반드시 활용해 보기를 권장한다.

남 탓보다 대안 모색으로

　어려움과 난관은 누구에게나 존재한다. 피할 수 없으면 즐기라고 했다. 그 누구도 피하고 싶지만 피할 수 없는 것이 어려움과 난관이다. 다만 개인마다 어려움과 난관의 종류와 크기, 해결방법이 다를 뿐이다. 기업이 알고 싶은 부분이 바로 이 지점이다. '위기대처 능력'이다. 지원자가 느끼는 어려움과 난관의 유형을 알고 싶다. 유형과 크기 등에서 지원자의 성격을 유추해 보려 한다. 진취적인지, 도전적인지, 또는 안정 추구형인지를 질문과 답을 통해 확인해 보려 한다. 조직과 직무에 적합한 인재인지를 알아보려는 시도 중 하나이다.

　어려움과 난관은 반드시 정면으로 맞붙어 극복해야만 하는 대상일까? 힘들이지 말고 피해서 돌아가면 안 될까? 답은 상황에 따라 달라져야 한다. 상황에 가장 적합한 방법을 선택하는 것이 바람직하다는 것은 교과서적 답변이다. 정면으로 극복하던지, 돌아가던지 어떤 경우라도 선택을 해야 한다. 이 상황을 어떻게 받아들이느냐가 관건이다. 이 결정이 기업이 궁금해 하는 부분이기도 하다.

　실패했다고 낙심할 이유가 없다. 모두가 성공한다면 얼마나 좋을까? 현실은 그렇지 않다는 것을 우리는 잘 안다. 실패와 역경은 또 다른 성장의 영양제이다. '왜 그랬을까?'를 찬찬히 되돌아 보는 '분석과 평가'의 시간이 필요하다. 분석과 평가는 '인사이트(insight)'로 탄생하면서 다음 행동에 영향을 줄 뿐 아니라 변화의 마중물이기도 하다. 그 변화가 '좋은 습관'으로 거듭나면 기업이 찾는 인재상에 부합되는 결과가 된다.

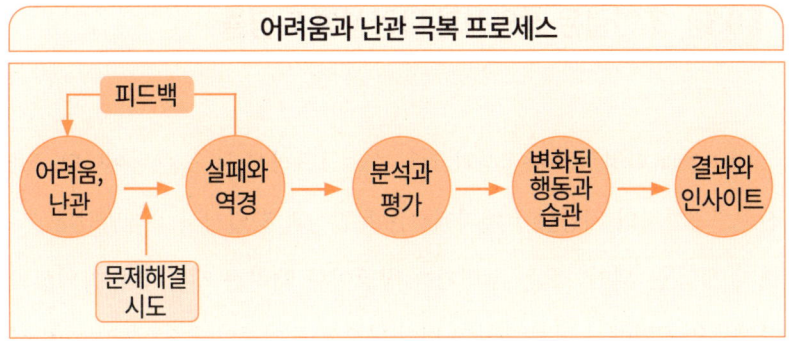

　드넓은 푸른 초원은 보는 이들로 하여금 감탄과 함께 부러움의 대상이다. 하지만 세찬 비바람이 불고 추위가 맹위를 떨치는 한겨울의 몽골 초원은 한 마디로 을씨년스럽고 피하고 싶은 곳이다. 맹추위를 막고 먹을 물을 조달하고 부족한 가축들의 먹이 확충은 어려움이자 극복해야 할 난관이다.

　유목민은 선조 대대로 내려온 지혜를 기본 축으로 하고 발달한 문명이기를 접목하여 슬기롭게 헤쳐 나오면서 오늘날의 모습을 유지하고 있다. 가축의 배설물이 난로의 땔감으로 활용된다. 말의 배설물이 새끼 양의 겨울 양식으로 이용된다.

　환경을 탓하기보다 최대한 역이용한다. 피할 수 없다면 긍정적으로 맞서는 모습이 존재의 이유를 설명해 주기도 한다. 21세기는 이러한 지혜가 탑재된 인재가 더욱 존재감 있다.

03 초연결은 창의성과 다양성이 디딤돌

　창의성과 다양성은 동질성과 획일성의 극단점에 서 있는 단어이다. 3차 산업혁명까지의 대량생산 체제에서는 동질성과 획일성이 우대받았다. '두더지 게임'은 튀어나오는 두더지를 방망이로 때리는 게임이다. 창의성과 다양성은 게임에서 척결 대상인 튀어 나오는 두더지이다. 3차 산업혁명 시대까지는 배척의 대상이었지만 4차 산업혁명 시대는 존중받는 존재가 되었다.

　불확실성, 기하급수적 변화, 이종간 융복합의 4차 산업혁명은 기존의 상식과 지식을 훌쩍 뛰어넘는다. 지금까지 '안돼!'라고 손사래를 쳤던 것들이 현실이 되었다. '괴짜'가 우대받는 이유이기도 하다. 창의성과 다양성은 괴짜 같은 생각과 접근법이 필요하다. 범상한 방법으로는 쉽지 않다. '가지 않은 길'도 한 번쯤 직접 걸어 봐야 한다. 길을 아는 것으로는 아무것도 할 수 없다. 목마른 자가 우물을 판다고 했다. 머리에 든 지식만으로는 힘들다. 경험이 마중물이다. 창의성과 다양성을 일상에서 기르는 방법에는 무엇이 있을까?

'당연함'에 물음표(?)를 붙이다!!!

　3차 산업혁명의 창조적 인재에서도 요구되었던 항목이다. 4차 산업혁명 시대에도 유효하다. 당연함은 순응적 복종이다. 복종은 개인의 개성이 제한되면서 획일화와 통일된 모습으로 비춰지며 수직적 관계의 '위계조직'에서 맹위를 떨친다. 말 잘 듣고 조직에 빠르게 적응하면서 눈치 빠른 인재로서 동질성이 강조될 때 '당연함'은 눈부시다. 당연함은 폐쇄적 분위기로 흐를 가능성이 높으므로 구성원을 '지원'하기보다 '관리'에 가깝게 바라보고 다룬다.

당연함에 의문을 제기하는 것은 '호기심'의 발로이다. 호기심은 문제해결의 단초이다. 궁금한 것이 가장 많을 때가 유아기 시절이다. 모든 것이 신기하고 궁금하다. 늘 '왜'라는 질문을 입에 달고 지낸다. 그 '왜'가 느낌표로 바뀔 때 사회 구성원으로서 필요한 지식과 경험이 쌓이게 되고 한 단계 성장한다. 즉, 호기심은 성장의 밑거름이다. 호기심이 많다는 것은 보다 나은 방향으로 개선하기 위해 문제적 관점으로 접근한다는 것을 의미한다. '꼭 이렇게 해야 하나?'라는 단순하지만 짧은 의문이 상상 이상의 결과로 연결된다. 기업이 요구하는 역량 중 하나인 '문제해결 능력'의 시발점이 당연함에 의문을 제기하는 '호기심'이다.

당연함에 의문을 제기하는 이유는 원리를 이해하기 위함이다. 원리는 수학에서는 하나의 공식으로 표현된다. 원리는 사물의 근본 이치이자 행위 규범이다. 행위가 이해된다는 것은 사물의 흐름을 한 눈에 파악할 수 있다는 것과 같다. 수학 공식이 이해되면 어떤 유형의 문제가 나오더라도 큰 어려움 없이 풀 수 있다. 숲을 볼 줄 아는 통찰력을 키울 수 있다는 장점이 있다. 수학 공식이 어렵다고 이해하지 않고 외운다면 응용력은 벽에 부딪히게 되고, 문제를 풀어가는 과정이 힘들 뿐 아니라 활용면에서 상당히 제한적일 수밖에 없다. 원리는 이해해야 할 대상이지 암기하는 것이 아니다.

홍길동은 전철역 근처의 식당에서 아르바이트를 하고 있다. 식당 점주에게 오래된 골칫거리가 있음을 알게 되었다. 식당 주차장에 고객의 차량이 아닌 전철을 이용하는 사람들의 자전거가 하루 종일 방치되어서 식당 이용 고객이 주차장 활용에 많은 어려움을 겪고 있었다. 식당 점주는 세우면 안 된다는 안내문을 몇 개월째 게시했지만 한 두 대 정도 효과가 있을 뿐 근본적인 문제해결에는 도움이 되지 않았다.

홍길동은 기존 방법으로는 도저히 이 문제를 해결할 수 없다는 것을 인식하고 기존의 틀을 깼다. 세우지 말라고 읍소하는 것은 한계가 있다는 것을 깨달았다. 새로운 내용으로 안내문을 게시하자 그 다음 날부터 불법 방치된 자전거가 한 대도 없었다. 그 내용은 과연 뭘까?

> 여기 주차장에 방치되어 있는 자전거는 OO식당의 것이 아닙니다. 누구든지 먼저 이용하시면 됩니다. 감사합니다.

자기소개서는 두괄식 또는 양괄식으로 써야 한다고 강조한다. 이 부분에 물음표를 달아 보자. "왜 두괄식이나 양괄식으로 써야 하지?" 배운 대로 "기/승/전/결 방식으로 쓰면 안되나?"라고 말이다. 단순히 두괄식으로 써야 한다는 것에 집착하여 두괄식만 고집한다면 정기채용이 아닌 수시채용과 같이 변화무쌍한 상황에 어떻게 대처해야 할지 당황할 수 있다. 두괄식이 필요한 이유에 대해 최대한 이해하려는 노력이 수반될 때 확장성을 가질 수 있어서 다양한 대응방법이 모색될 수 있다. 창의성과 다양성으로 문제해결 능력이 높아지게 된다.

자기소개서는 기업이 알고 싶은 내용을 질문형식으로 표현했다. 지원자는 그 질문에 구체적이며 명확하게 답을 하는 형식으로 진행된다. 자기소개서 평가는 하루에 백 명 가까운 지원자의 서류를 읽고 평가한다. 같은 질문으로 구성되어 있고 유사한 답변으로 꾸며진 자기소개서를 감정을 가진 사람이 평가하는데 인내심을 갖고 끝까지 읽어 보고 객관적으로 평가할 수 있는 최대 인원이 하루에 몇 명까지라고 생각하는가? 평가자가 사람이기에 쉽지 않다. 첫 문장에서 기업이 알고 싶은 답을 기술하는 것이 평가자를 도와주는 방법이다. 읽기 쉽고 이해하기 편하게 구조화해야 한다. 결국 첫 문장에서 평가자와 한 판의 진검승부가 이뤄져야 한다. 두괄식으로 기술해야만 하는 이유는 동일한 행위에 지쳐있는 평가자에게 조금이라도 도움을 주면서 지원자의 생각을 100% 가깝게 전달하기 위한 수단이다.

필자는 조직 생활할 때 새롭게 전입 온 직원에게 빠짐없이 부탁했던 것이 있다. 3개월 이내에 기존 업무 프로세스 중 세 가지 이상을 바꿔 보라는 제안이었다. 이미 근무하고 있는 직원에게는 오히려 불편할 수 있다. 잘 운용되고 있는 프로세스를 바꿔야 한다는 것에 거부감이 있을 수 있다. 그렇다면 왜 그런 방법을 사용할까? 빠르게 변하는 트렌드를 반영하여 당연함과 익숙함을 경계하려는 전략이다. 그 전략 이면에는 합리적이고 효과적으로 업무처리를 한다는 논리도 있다. 아무리 올바른 이치라 하더라도 일정 기간이 지나면 고인물이 된다. 당연함에 사회적 트렌드를 덧입혔을 때 생각하지 못한 미래 먹거리가 될 수 있다. 전입 직원마다 세 가지를 바꾸지는 못했지만 그런 마음으로 업무에 임할 수 있는 기회를 줘서 고맙고 신선했다고 후일담으로 전하곤 했다. 대학 생활이든 조직 생활이든 당연함에 반기를 들어보자. 새로움에 도전하는 것을 두려워 말자.

'익숙함'을 멀리하자!!!

익숙함은 동전의 양면과 같다. 익숙함이 자신만의 차별화로 부각될 수만 있다면 모두가 부러워하는 '달인'으로 등극할 수 있다. 익숙함은 'Best One'이다. '손에 익다'라는 표현은 오랜 시간 동안 반복과정을 통해 일이 익숙해졌다는 의미이다.

올림픽 대회에 출전하려고 태릉선수촌에서 구슬땀을 흘리는 선수들의 궁극적 목적은 바로 기술이 몸과 일체가 되어 기록을 갱신하기 위해서이다. 자신과의 싸움이지만 결국 순위 경쟁에서 이기기 위함이다. 선수가 구사할 수 있는 기술이 익숙하다는 것은 실수를 줄일 수 있다는 것이다.

다만 그 익숙함이 영원히 변치 않는다면 어떻게 될까? 제자리이거나 도태될 것이다. 익숙함은 새로운 실험을 추구하지 않기에 일정 선을 넘는 경우가 없다. 결국 익숙함의 종착역은 기득권이자 편리함으로 안주하게 된다. 환경이 변하면 기술도 발전하고 그에 따라 익숙함도 바뀌어야 한다.

아울러 익숙함으로 편리함에 길들여진다면 나태함으로 빠질 수 있다. 나태함은 기능적이며 지식으로 무장된 산업형 인재가 산업 현장을 누빌 때에는 어느 정도 용인될 수 있었다. '소품종 대량생산' 체제에서는 허용될 수 있었다. 지금은 다르다. 편리함이 익숙해지면 새로운 실험에 도전하지 않아 퇴화될 뿐이다.

기하급수적 변화는 즉각적인 대응과 변화를 추구한다. 기업은 익숙함을 기초로 더 나은 방향으로 나아가기 위해 길을 모색한다. 익숙함을 즐길 여유가 없다. 기업은 익숙함보다는 '가지 않은 길'을 가려는 도전적 인재를 더 선호한다.

한국인의 유전적 특징 중 하나는 '행복감을 느끼기 힘든 민족'이다. 통증이 완화되고 기분이 좋아지는 것은 '아난다마이드'라는 신경전달 물질이 분비되어서인데 한국인에게는 분비가 쉽지 않다는 특징이 있다. 분비가 잘 안 된다는 것이 약점일 수도 있지만 오히려 긍정적 결과를 초래했다는 재미있는 내용이다.

행복감을 느끼기 힘들다는 것은 쉽게 익숙함을 받아들이지 않는다는 것으로 해석이 가능하다. '아난다마이드' 신경전달 물질의 분비 부족은 익숙함보다는 새로움을 추구하게 되었고 그 덕분에 가난한 나라에서 가장 짧은 기간 내에 경제대국 10위까지 올라서는 계기가 되었다.

주어진 환경과 수시로 변하는 이벤트를 어떻게 수용할 것인가에 따라 결과는 완전히 달라진다. 2022년도 하반기의 지구촌은 변화무쌍한 기후의 매서운 맛을 봤다. '비가 내렸다'는 사실은 어느 지역이나 동일하지만 어떤 지역은 홍수가 되고, 어떤 곳에서는 가뭄에 단비가 된다. '당연하다', '원래 그래!'라는 당연함과 익숙함에서 벗어나자.

물 컵에 '반 밖에 없다'로 보는 사람이 있는가 하면, '반이나 남았네'라고 긍정적으로 다가가는 사람이 있다. 기업은 어떤 사람을 원할까? 이어령 교수가 언급했듯이 360명이 원을 그려서 각자의 방향으로 뛰는 것은 순위 경쟁의 'Best One'이 아니라 자신과의 경쟁인 'Only One'이라고. 21세기 기업은 이런 인재를 찾고 있다.

04 숲을 조망할 줄 아는 맥락과 통찰력

4차 산업혁명 시대에 유독 강조되는 특징 중 하나가 맥락과 통찰력이다. 숲 전체를 조망하고 관찰하며 큰 틀에서 판단할 줄 아는 능력으로 불확실성과 기하급수적 변화의 대항마로 보고 있다. 문제마다 일일이 대응하는 것보다 문제의 원천을 찾아 차단하는 통 큰 결단이다. 혈관이 막히면 각종 질병과 함께 생명 위협이 된다. 막힌 혈관을 치료하는 것도 중요하지만 혈관을 막히게 한 근본 원인을 찾아 동시에 치유할 수 있는 시야를 가져야 한다.

맥락이나 통찰력은 짧은 시간에 쉽게 터득할 수 있는 것이 아니다. 숱한 경험과 다양함이 곁들여져야 한다. 객체를 구성하는 개별적 성질과 관계의 높은 이해도가 있어야 가능하다. 단순하게 암기한다고 해결되는 것이 아니다. 그런 면에서 독서는 넓은 세상을 빠르고 간접적으로 경험할 수 있는 일타강사임에 분명하다.

독서는 맥락과 통찰력의 일타 강사이다!

독서가 유익하다는 것은 모두가 잘 아는 변하지 않은 진리이다. 독서는 사고의 폭을 넓힐 뿐 아니라 깊이까지 확장하므로 미래를 대비하는 '거미형 인재'로 거듭나는 데 훌륭한 디딤돌로 손색이 없다. 독서는 원초적 방법일 수 있으나 그 장점은 오랜 시간에 걸쳐 입증이 되었다. 독서는 풍부한 간접경험을 체득할 수 있는 지름길이다. 그것도 짧은 시간에 수많은 간접경험을 학습할 수 있다. 책이 모든 길을 알려 주고 그 길이 반드시 옳은 방향이라는 것은 아니다. 다만 책은 단순한 지식만을 전달하는 것이 아니라 세상을 바라보는 다양한 시각을 제시한다. 그 시각에서 다양한 해법이 숨은 그림처럼 펼쳐져 있다. 아울러 간접경험은 공감능력을 향상시킨다. 생각의 깊이와 넓이가 상상 이상으로 확장된다. 확장된 사고의 영토는 많은 것을 흡수하고 내 것으로 소화시킬 수 있도록 체질을 변형시킨다. 운동이 지방을 근육으로 바꾸듯 말이다. 타인의 다름을 이해할 수 있을 뿐 아니라 이타적 장점을 적극적으로 활용하는 공감능력에 절대적 도움을 준다

독서는 맥락을 키우는 영양제이다. 맥락은 나무를 보는 것이 아니라 숲을 조망한다. 숲은 한 눈에 보기가 어렵다. 꾸준한 관심과 치열한 성찰, 고민이 거듭될 때 숲의 조망권이 확대된다. 책은 숲의 조망권을 넓혀 주는 길라잡이다. 인간의 기억과 경험이 담겨진 그릇이 책이며 공유할 수 있다는 장점이 있다. 공유는 비판적 사고를 허용하고 또 다른 측면에서의 깊은 고민을 낳는다.

빠른 기술 혁신은 사회의 변화를 더 가속화시킨다. 과거와 같이 5개년 계획을 수립하고 실행한다는 것은 자멸하겠다는 것과 동의어가 되어 버린 시대에 우리는 살고 있다. 검색어가 된 지식에 집착하지 말고 큰 숲을 볼 줄 아는 맥락을 키워 4차 산업혁명 시대의 인재로 성장해야 한다.

독서는 끈기와 용기를 요구한다. 혼자 지속적으로 독서를 한다는 것은 외로움과의 싸움이자 고독과의 끈질긴 힘겨루기이다. 공유경제와 협업이 4차 산업혁명 시대의 특징을 대변하듯이 변화된 사회의 특성을 활용하자. 바쁜 일상에 많은 양의 도서를 읽고 이해한다는 것은 현실적으로 어렵다. '독서 품앗이'를 활용하자. 일종의 동아리이다. 방법론은 각자의 취향에 맞

는 방법을 선택하면 된다. 혼자서 다양한 경험으로 무장한다는 것은 말처럼 쉬운 일이 아니다. 많은 시간이 투자되어야 한다. 대학교 1학년이라면 충분히 가능하다. 그래도 가능하다면 '독서 품앗이' 활동을 통해 다양한 이타적 견해를 수용할 수 있는 기회를 확대하는 것이 바람직하다. 독서 품앗이는 좋은 협업사례로 충분한 활용가치가 있다. 독서로 깨우친 다름이 성찰로 승화될 때 다양한 아이디어를 싹트게 할 것이다.

횡단적 사고로 통찰력을 확장하자.

횡단적 사고란 무엇일까? 다양성, 자유로운 의견 개진, 창의적 협업이 가능한 플랫폼이다. '무엇이 틀렸을까?'라는 접근법이 아니라 '무엇이 다를까?'라고 고민한다. 옳고 그름의 잣대로 검증하는 수직적 사고와는 확연한 차이가 있다. 조직은 주로 직책에 붙어 있는 권위적 사고로 수직적 경향이 강하다. 대학교나 동아리 활동도 덜하기는 하겠지만 조직의 수직적 체계를 따르려는 경향이 강하다.

4차 산업혁명의 대명사인 플랫폼 기업은 '위계조직'에서 '역할조직'으로 변했다. 권위 중심의 수직적에서, 다름과 전문성으로 무장한 '자기 일'에 주인의식을 갖는 수평적으로 바뀌었다. 삼성전자가 '인사팀'에서 '피플팀'으로 명칭을 바꾼 것도 예삿일이 아니다. 지금까지 '인사팀'이라는 명칭은 성악설에 근거한 '사람은 관리 대상'이라는 접근법으로 수직적 사고에 근간을 두고 있다. '피플팀'은 성선설에 기초한 '지원 대상'으로 바라보고 있으며 횡단적 사고의 결과물이다.

더 이상 '직위', '권위', '나이'와 같은 계급적 개념으로 조직을 대한다는 것은 구시대적 발상이다. 이러한 접근법은 생각의 확장성을 가로막는 암적인 존재이다. 4차 산업혁명 시대는 그 어느 때보다 확장성이 중요하다. 다양성이 버무려질 수 있도록 개방되어야 한다. 역할조직에 맞는 인재가 되어야 한다. 구성원 각자 꿈과 야망이 있고 그것을 달성할 수 있도록 스스로 노력해야 한다.

Chapter 3

기업은 이것이 알고 싶다!

　기업은 뛰어난 인재를 모시는 것도 중요하지만, 오래 함께 일할 수 있는 인재도 기업경영 차원에서 빼 놓을 수 없는 항목 중 하나이다. 신입사원 10명 중 4명 이상이 1년도 안 되어서 퇴사한다. 사막에서 바늘 찾는 것만큼 어렵다는 취업 관문을 뚫었는데 왜 그만두는 걸까? 퇴사 이유는 다양하겠지만 기업은 당혹스러울 수밖에 없다.

　외환위기 이전까지는 평생직장 중심이어서 조직이 먼저였다. 자발적으로 퇴직한다는 것은 언감생심(焉敢生心)으로 꿈에서 조차 생각하지 못했다. 2008년 글로벌 금융위기 이후 평생직업이 확고하게 자리매김하면서 달라졌다. 약 15여년 가까이 지난 지금의 노동시장은 외환위기 이전보다 훨씬 유연해졌다. 직무 중심의 수시채용은 경력직을 선호한다. 그것도 3년 정도의 경력자를 더 좋아하므로 짧은 경력임에도 불구하고 신입사원의 이직이 다소 수월해진 원인 중 하나로 꼽힌다.

　채용은 결혼과 유사하다. 남과 남이 만나 가족을 이루는 결혼처럼 채용은 기업의 가족이 될 사람을 탐색하는 과정이다. 가족의 일원이 될 만한 품성과 자질이 있는지, 함께 오랫동안 지낼 만큼 뚜렷한 가치관을 갖고 있으면서 이타적 배려심이 있는지, 가족 상호간에 양보하고 배려하면서 상호존중할 줄 아는지가 궁금하다. 왜 채용절차가 복잡하게 구성되어 있는지 간접적으로 알 수 있을 것이다.

기업마다 채용절차는 유사하지만 인재상 또는 직무별로 차이가 있다. 모든 기업이 기본적으로 알고 싶은 것은 지식(Knowledge), 기술(Skill), 태도(Attitude)이다. 그 중 무엇에 더 비중을 두느냐는 기업마다, 채용절차마다 다르다.

01 채용절차별로 K, S, A의 비중이 다르다

채용절차는 서류심사, 필기시험, 면접으로 공통된 구조이다. 서류는 이력서와 자기소개서, 포트폴리오(역량·경험)로 구성되어 있으며, 이력서는 지원자의 총론에 해당된다. 개인정보, 학력과 전공분야, 경력이나 경험, 자격증과 같이 지원분야에 적합한 이력을 다양하게 보여준다. 주로 지식과 기술이 반영되어 있으며 그 부분이 평가대상이다. 자기소개서는 각론 중 하나로서 기업이 알고 싶은 내용을 심도 있는 질문을 통해 확인하는 절차이다. 최근에는 백지 자기소개서도 있다. 지원자가 질문을 만들고 서술하는 방식이다. 스타트업 중심으로 확산되고 있다.

서류심사는 왜 필요할까? 네 가지로 요약할 수 있다. 첫째, 지원자 적성과 흥미가 무엇인지 파악한다. 이력서, 자기소개서의 성장 배경과 성격 장단점이 기업의 궁금증을 해소시켜 준다. 둘째, 지원자의 차별적 경쟁력을 알 수 있다. 이력서의 경력사항이나 자기소개서의 지원 동기가 해당된다. 셋째, 지원하는 분야나 직무에서 기업이 요구하는 능력과 지원자 역량을 비교하기 위함이다. 자격증이나 경력사항 또는 다양한 경험을 통해서 직무 적합도를 확인할 수 있다. 마지막으로 지원자가 보완할 부분에 대한 평가와 계획이다. 자기소개서의 입사 후 계획이나 경험·경력사항의 답변에서 유추해 볼 수 있다.

기업마다 질문은 다르지만 공약수로 추출하면 다섯 가지 정도로 축약할 수 있다. 지원동기, 성장배경, 성격 장단점, 경험/경력사항, 미래 포부 또는 계획으로 정리된다. 공통 질문 다섯 가지는 정말 이 일을 좋아하는지, 직무에 대한 주인의식과 책임감을 갖고 일을 추진할 수 있는지, 이타적 구성원과 협업을 잘 하면서 성과를 낼 수 있는지 등을 알아가는 과정이다.

다섯 가지 질문의 상당 부분은 역량 함양을 위해 반드시 갖춰야 할 인성, 가치관, 태도에 대해 알아보는 것이며 '경험/경력사항'에서 직무 중심의 기술과 지식 정도를 평가한다. 포트폴리오는 깊고 좁은 전문역량 중심의 평가이다. 지원 직무와 연관되어 뽐낼 수 있는 것들 중심으로 기술한 자료이다. 포트폴리오 제출을 요구하는 기업은 면접에서 일대일과 같은 단독형으로 진행되는 경우가 비율적으로 많다.

필기시험은 종전에는 지식을 알아보기 위함이었다면 지금은 직무역량 평가 중심이다. 국가직무능력표준(NCS)이 시행되면서 필기시험이 지식에서 직무 중심으로 상당 부분 전이 되었다. 디지털과 스마트혁명, 인공지능이 사람의 머리 역할을 대신하므로 얼마나 많은 지식을 아는지, 무엇을 알고 있는지는 그렇게 중요한 항목이 아니다. 그러다 보니 필기시험은 지식이 아닌 직업기초능력과 직무수행능력으로 구성된다. 대부분 각각 50%로 구성되지만 기업마다 다소 상이할 수 있다.

필기시험은 전적으로 지원자 몫이다. 서류 작성하는 방법 또는 면접 응대요령은 코칭이 가능하지만 필기시험은 지원자가 얼마나 노력하느냐에 성패가 달려 있다고 해도 과언이 아니다. 혼자보다는 여럿이 함께 하는 것을 선호하거나, 집단지성의 힘을 빌리려면 필기시험 대비용 '스터디 활동'도 추천할 만하다.

면접은 실무자 중심의 1차 면접, 임원의 2차 면접으로 구성된다. 경력직이나 외국기업 같은 경우에는 더 많은 면접과정이 진행되는 경우도 있다. 1차 면접은 주로 역량과 인성, 2차 면접은 인성 중심으로 구성되었다고 보면 된다. 공공기관은 공정채용을 위해 법에서 면접위원 중 50% 이상을 외부에서 충원하도록 의무화 되었다. 내부 면접위원은 조직과 직무 중심으로 질문이 집중되고, 외부 면접위원은 자기소개서 중심으로 진행되는 것이 일반적이다.

1차 면접 방법은 다양하게 분화되고 있다. 면접의 기본은 구조화 질문 중심의 인성면접이다. 그 이외에도 토론면접, 경험(세일즈, 협상)면접, 상황면접, 프리젠테이션면접이 대세를 이루고 있으며, 최근에는 전문역량 정도를 파악하는 면접 유형이 부쩍 늘어나는 추세이다.

면접자가 실제로 BJ가 되어 방송을 직접 진행 보는 'BTB(Be the BJ) 면접', 기존 직원들과 똑 같이 출근하고 자리를 배정받아 하루 또는 이틀 정도 주어진 업무를 수행하는 'Feel the TOAST 면접', 지원자가 상품기획자(MD)가 되어 가상의 파트너에게 전화로 업무를 해 보는 시뮬레이션 면접인 'Cold Call 면접', 오후 6시부터 10시까지 면접관과 대면 면접을 진행하는 '심야 면접' 등 다양하게 진화하고 있다. 그 만큼 직무가 다변화되고 있다는 것의 방증이기도 하다. 면접유형별 상세 내역은 Part 4의 Chapter 2 'SUCCESS 면접 전략'을 참조하면 된다.

  2차 면접은 조직 적합도 중심의 가치관이나 인성, 태도에 집중하는 것이 보편적이다. 채용절차에 따라 중점 점검 항목을 요약하면 <표>와 같다.

채용절차와 중점점검 항목

채용 절차		Knowledge	Skill	Attitude
서류심사	이력서	△	●	△
	자기소개서	△	○	●
	필기 시험	●	△	-
면접	인성 면접	△	△	●
	집단토론 면접	○	○	◐
	경험 면접	○	◐	●
	상황 면접	○	◐	●
	PT 면접	△	◐	●

02 진정 이 일을 좋아하는가?

기업이 가장 알고 싶은 내용이다. 좋아하는 일에 종사한다는 것 만큼 행복한 일은 없다. 좋아한다는 것은 적성에 맞다는 뜻이다. 잡코리아*에 따르면 직장인의 33.9%가 '좋아하는 일'을 한다고 응답했으며, 20% 포인트 앞선 52.3%가 '잘하는 일'을 하고 있다고 답을 했다. 좋아하는 일을 찾는 것이 쉽지 않음을 보여준다. 기업의 고민은 여기에서 끝나는 것이 아니다.

최근 신입사원 10명 중 4명 이상이 1년 이내에 퇴사한다는 사실에 골머리를 앓고 있다. 채용은 매우 어려운 과정이며 회사에 적합한 인재로 육성하기 위해 얼마나 많은 시간과 노력이 투자되는 지 너무 잘 알기에 일을 진정으로 사랑하고 좋아하는 인재를 선발할 수 있기를 간절히 바란다. 그만큼 간절함이나 중요도 부분에서 높은 비중이라는 것을 알 수 있다.

기업은 다양한 질문으로 지원자의 답을 확인한다. 가능하다면 구조화 질문도 동원한다. 그렇다면 기업은 일을 좋아하는 이유를 왜 알고 싶을까? 첫째, '자발성'이다. 자발성은 외부의 지시나 영향에 의한 것이 아니라 자신의 가치관이나 판단에 의해 행위가 이루어지는 특성을 갖는 것으로 '적극성'과도 유사하다. 일은 스스로 알아서 할 때 의욕도 생기고 성과도 높다. 상사의 지시 등 수동적일 때 자존감이 낮아질 뿐 아니라 퇴사 원인인 스트

---

* 베리타스 알파(VERITASα). 2021.3.30. 잡코리아 조사, 직장인 57% "적성에 맞는 일이라면 연봉하락도 감수". http://www.veritas-a.com/news/articleView.html?idxno=361989.

레스가 된다. 긍정적 요인보다 부정적 영향이 훨씬 크다.

구글 채용 기준인 '역할에 대한 명확한 인식'과 같은 맥락이다. 무엇을 해야 하는지에 대한 명확한 인식은 자발적 행동의 디딤돌이자 성장할 수 있는 생명력을 갖는다. 자발성은 '노마드형 인재'의 한 축인 '자기주도형(self-leadership) 인재'로 발전할 수 있는 요소 중 하나이다.

자발성과 유사한 성격의 단어로는 '자립심'이 있다. 누구에게 예속되거나 의지하지 않고 스스로 독립하려는 마음가짐이다. 자발성이나 자립심이 강한 인재는 동료가 겪고 있는 어려움이나 난관을 함께 극복하기 위해 앞장선다. 기업이 찾고 있는 협업이 가능한 인재일 뿐 아니라 동료들과 원만하게 지낼 수 있다는 장점도 있다. 방송에서 자주 볼 수 있는 '생활의 달인'이 자발성 대표주자라 할 수 있다. 자신의 일을 사랑하고 부단히 발전시키기 위해 노력한 결과 달인의 경지에 도달한 것이다. 기업이 일을 좋아하는 인재를 찾는 이유에 대해 간접적인 설명이 될 수 있다.

둘째, '전문성'이다. 좋아하는 일에 몰입한다는 것은 일의 능률이 오를 뿐 아니라 자신의 역량 또한 빠르게 성장시킨다. '좋아함'은 관심이다. 지원 직무에 대한 관심은 연관 학습이나 경험, 경력을 쌓기 위한 노력으로 이어진다. 노력의 축적된 결과는 4차 산업혁명 시대에 요구되는 차별적 전문성으로 표출된다. 갖추어진 전문역량은 수시채용이 추구하는 '준비된 자'로서 '인재 활용'으로 연계된다. 이러한 이유로 기업이 지원 직무를 진정으로 좋아하는 지를 알고 싶은 것이다. 공통된 질문 유형으로는 '지원 동기', '성장 배경', '입사 후 계획'이다.

지원 동기

'지원 동기'가 가장 대표격이다. 직무를 선택하게 된 배경이나 그 이유에 대해 지원자의 진솔한 얘기가 궁금하다. 직무 선택은 지원자의 가치관(value)과도 연관성이 높기에 가치관이 무엇인지 질문한다. 지원 동기는 입사 의지를 확인할 뿐 아니라 진정성을 가늠하는 척도로 '조직 적합도'와 '직무 적합도'를 평가하기에 알맞은 질문이다. 일을 좋아한다는 것은 '자발성', '전문성'과 연결되어 있다고 설명했다.

결국 자발성은 지원 계기이다. 어릴 적 호기심에서부터 출발한 것인지, 예기치 않았던 경험에서 인사이트를 얻은 것인지 등 지원 직무와 연관된 이벤트를 찾으려는 도발이다. 그 이벤트를 자기소개서와 면접 요령에 맞춰 풀어가면 된다. 또 하나는 전문성을 기르기 위해 노력한 것을 지원 기업의 인재상, 미션, 비전 등을 참조하여 스토리텔링(storytelling)으로 엮어야 한다. '구슬이 서말이라도 꿰어야 보배'라는 말이 딱 들어맞는 글귀이다.

좋아하는 취미에 대해 왜 좋아하느냐고 묻는다면 어떻게 답할 것인가? 늘 좋아하는 이유가 정리되어 있지 않다면 한마디로 깔끔하게 대답하기가 쉽지 않다. 가슴으로는 이해가 되지만 머리에서 정리가 빨리 되지 않는다. 이럴 때에는 한 번에 답을 구하려고 하지 말고 가능한 작은 단위로 쪼개어 분해할 것을 추천한다.

좋아하는 취미의 특성, 만족도와 이유, 가장 흥미를 느낄 때, 자발적으로 노력했던 점 등으로 나눠 정리한 다음, 하나의 줄거리로 엮으면 지원자가 취미를 좋아하는 근거로서 충분하다. 자기소개서 또는 면접도 마찬가지이다. 지원동기 질문 유형과 준비 방법에 대해 알아 보자.

[주요 질문 유형]

① 지원동기는 무엇인가요?
② 지원 직무와 준비 과정은 무엇인가요?
③ 지원 직무와 관련한 경험 또는 경력사항을 기술하세요.
④ 지원자가 성공적으로 지원 직무를 수행할 수 있다는 이유를 기술하세요.
⑤ 지원 직무에 관심을 갖게 된 계기는 무엇인가요?

[왜 물어볼까?]

① 직무 적합도
② 조직 적합도
※ 최근에는 조직과 직무 지원동기가 분리되어 질문하는 추세이다.

[준비는 어떻게 하면 좋을까?]

① 지원 직무에 관심을 갖게 된 계기를 설명한다.
  - 타고난 호기심에서 출발했는지, 감명 깊은 강의처럼 큰 깨달음을 얻은 이벤트, 사회적 트렌드에 의해 지원 직무에 관심을 갖게 되었는지 연관된 계기를 담는다.

[예시] 마케팅 지원

어렸을 때부터 '구수한 입담'으로 이야기꾼이라 칭찬받았습니다. 칭찬은 고래도 춤추게 하듯, 마케팅학을 전공했습니다. 마케팅은 전략과 전술에 소비자 심리를 어떻게 플레이팅하느냐가 관건입니다. 부족한 소비자 심리는 온라인 과정으로 심화 학습했습니다.

② 지원 직무에 대한 지원자의 준비 정도를 설명한다.
- 지원자가 지원 직무를 준비하기 위해 다양하게 노력했던 것을 보여준다. 전공 또는 부전공, 유사성이 낮은 전공학과일 경우에는 직무 연관성이 높은 강좌 학습 내용, 인턴이나 아르바이트와 같은 경력, 연관된 자격증, 동아리나 동호회·외부활동 등에서 지원 직무에 필요한 역량을 경험한 것 등을 하나의 스토리로 풀어 나가면 된다.
- 사실과 결과보다는 과정에서 얻은 인사이트 중심이더 임팩트 있다. 자세한 내용은 Part 4의 Chapter 1 자기소개서 작성방법을 참조하면 된다.
- 사례는 직무 관련성이 높은 것을 우선하되, 발생일자 기준 역순으로 추출한다. 자기소개서에서 제시하는 글자수를 감안하여 1~2개 정도 사례를 중심으로 설명한다.

> **[예시] 마케팅 지원**
>
> 2022년 8월 한 달 커피숍 아르바이트는 마케팅 현장을 경험할 수 있는 첫 번째 기회였습니다. 할 수 있는 권한이 제한적이었지만, 구성원이 즐거워야 매장이 빛이 난다는 신념으로 매장 개시 전에 단체로 춤을 추고 시작하자고 제안했습니다. 대부분 20대이기에 거부감이 없었습니다. 노래는 방탄소년단의 빠른 곡을 선택했습니다. 구성원 상호 대화가 약 30% 이상 증가하면서 업무 처리와 고객 만족도가 종전 대비 절반 이상 좋아졌다는 평가를 받았습니다.

③ 평소 지원 직무에 대한 관심도를 설명한다.
- 직무성격 이해는 취업 준비에서 빼 놓을 수 없는 항목이다. 직무가 이해되지 않으면 관련된 준비가 소홀할 수밖에 없을 뿐 아니라 다양한 구조화된 질문에 적합한 답변을 찾기가 어렵다. 직무성격의

이해는 동의어 또는 상징성을 나타낼 수 있는 단어로 표현해 보자. '축구는 만국의 언어이다', '인사는 오케스트라이다'와 같이 직무의 성격이 잘 나타날 수 있는 단어로 이해도를 표현하는 것이다.
- 직무 이해는 다양한 자료를 참조할 수 있으나, 가능하면 직무기술서가 바람직하다.
- 직무는 살아있는 생명체이다. 오랜 시간 부침을 거치면서 진화한 결과 오늘날의 직무가 되었다. 아래 예시처럼 변천사를 정리하고 최근 트렌드를 조사하여 구체성을 곁들인다면 차별화 전략으로 으뜸이다.
- 가능하면, 지원자만의 전략을 만들어 놓는 것도 면접용으로 추천한다. 전략 수립에는 그렇게 만든 이유와 근거가 곁들여진다면 한층 효과적이다.

[예시] 활명수(活命水) 변천사 정리

활명수는 글자 그대로 '목숨을 살리는 물'이라고 해석할 수 있으며, 선전관 노천 민영호 선생이 궁중 비방과 양약의 장점을 결합하여 1887년도 '목숨을 살리는 물'을 개발했다. 벌써 백세를 넘어 135세가 된 장수식품으로, 연간 1억병 이상, 500억원 이상의 매출을 기록하는 장수식품이라는 데에 의의가 있다.

- 1887 활명수 탄생
- 1910 최초 상표 등록(부채표)
- 1967 가스활명수
- 1991 라인업 다변화
- 2012 유통채널 다변화(편의시장 진출)
- 2015 여성용 제품 개발(미인 활명수)
- 2016 어린이용 제품 개발(스틱용)

* 자료) 동화약품 홈페이지 참조.

④ 지원회사에 대한 사전조사를 통한 관심도를 부각시킨다
- 홈페이지, 언론 자료, 사보 등을 통해 최근 현황과 이슈, 제품 정보 등에 대해 자료 조사하고 분석하면서, 경쟁회사와의 차별성과 장단점 등을 파악한다.
- 자기소개서가 허락하는 글자 수가 초과하거나 지원 직무 중심으로 지원동기가 집중되어 있다면 지원 회사에 대한 관심도는 생략해도 무방하다. 다만 면접용으로는 충분히 준비해야 한다.

성장 배경

성장 배경은 태어나서 오늘날의 지원자로 성장하기까지 도와주거나 영향을 끼친 세력 또는 힘이다. 가치관은 성장 과정에서 학습하면서 깨우친 윤리적인 것과 도덕적인 것이 더해져 형성된다. 그 가치관이 일을 좋아할 수 있는지, 이타적 다름이 존중과 배려로 재탄생하면서 협업의 근간이 될 수 있는지를 알기 위함이다. 성장 배경의 '성장'은 '자란다'와 '커진다'의 개념을 포함하고 있다. 즉, 지원자가 신체적으로 커지고, 정신적으로 자라면서 어떤 가치관을 갖게 되었는지, 가치관 형성에 영향을 끼친 사건, 인물 등에서 파악하려는 것이다.

성장 배경은 잘못 접근하면 소위 말하는 '자소설'로 보여질 확률이 높은 항목이다. 지원 직무에 초점을 맞춰 솔직 담백하게 기술하는 것이, 내용 분산을 막고 집중적으로 표현할 수 있다. 이 또한 '조직 적합도'와 '직무 적합도'에 해당된다. 성장해 오면서 직무에 관심을 갖게 된 계기가 무엇인지, 구성원과 협업을 통해 일을 잘 수행할 수 있는지를 알기 위함이다. 성장 환경이나 가치관에 영향을 끼친 구체적인 이벤트를 통해 가능성을 높여 본다.

성장 배경은 지원 직무도 중요하지만 지원하고자 하는 기업의 인재상도 눈여겨봐야 한다. 먼저 가치관이 인재상에 부합하는지 판단해야 한다. 부합한다면 영향을 끼친 구체적 이벤트를 추출하고 그 이벤트에서 얻은 깨달음이 명확하면서 구체성을 담아 표현한다.

대부분 실수하는 형태는 "저는 엄격한 아버지와 다정한 어머니 사이에서 1남 1녀 중 장남으로 태어났습니다"와 같이 시작한다. 기업은 지원자의 어릴 적 모습에는 관심이 없다. 현재 지원자가 있기까지의 성장배경에 대해 알고 싶은 것이다. 오히려 지원자 가치관 형성에 아버지의 엄격함과 어머니의 다정함이 영향을 끼쳤다면 모르겠지만, 일기 형식의 성장 배경이나 성장 과정은 식상한 표현이다.

[주요 질문 유형]
① 성장 과정에 대해 기술하세요.
② 지원자가 중요하게 여기는 생활신조는 무엇이며, 영향을 끼친 사건, 인물에는 무엇이 있나요?
③ 지원자의 가치관은 무엇이며, 그 가치관이 형성되기까지 영향을 끼친 사건, 인물 등은 무엇인가요?
④ 지원자 인생에서 가장 큰 영향을 끼친 사건은 무엇인가요?
⑤ 지원자만의 색깔이 형성되게 된 계기가 무엇인지 성장 배경에 대해 기술하세요.

[왜 물어볼까?]
① 조직 생활에서 필요한 기본적인 태도를 알아보기 위함이다.
② 회사나 직무에 잘 맞는 인재인지를 파악하고, 조직에서 다양한 업무

를 진행할 때 발생하는 갈등도 원만하게 해결하면서, 구성원과 협업을 통해 잘 지낼 수 있는 지를 알아보려는 것이다.

[준비는 어떻게 하면 좋을까?]

① 지원자 생활신조나 가치관을 에피소드를 곁들여 알기 쉽게 설명한다.
  - 일반적이거나 식상한 내용은 피해야 한다.
  - 검증할 수 없는 막연한 내용은 큰 의미가 없다. 지원자 가치관이 '배려와 존중'인데, 동아리 활동에서 자신의 의견이 관철될 때까지 주장한다고 기술하면, 가치관의 진정성과 신뢰는 어떻게 검증할 것인가? 지원자가 정말 조직과 직무에 적합한 인재라고 판단할 수 있겠는가?
  - '배려와 존중'을 통해 갈등을 해결했거나, 난관을 극복한 사례가 있다면 더 효과적일 것이다.

[예시] **금융(은행) 지원**

저의 가치관은 '끊임없는 도전'입니다. 은행 직무는 과거와 다르게 다변화되고 있습니다. 금융환경이 변하면서 금융상품은 수익률을 찾아 진화 중입니다. 산업 영역이 허물어지고 있는 21세기에는 사고의 자유분방함과 창의성이 요구됩니다. 도전은 호기심에서 출발하고, 종착역은 창조적 아이디어입니다. 3년의 팬데믹은 '사물놀이 동아리' 활동을 위축시켰고, 2022년 신입회원 모집에 경고등이 켜졌습니다. 동아리 활동 범위에 '난타'를 결합하자고 제안했습니다. 전통성 부정이라는 반대의견도 있었지만, 진화론으로 설득했습니다. 결과는 3대1이라는 높은 신입회원 경쟁률로 입증되었습니다. 다양한 금융상품이 출시되면서 경쟁은 극심해지고 있습니다. 엉뚱하면서도 협업하는 도전이야말로 직면한 어려움을 타개할 수 있다고 봅니다.

② 가치관 형성에 영향을 받은 이벤트를 구체적으로 설명한다.
- 가치관은 세상을 바라보는 자신만의 근본적 태도 또는 관점이다. 옳고 그름, 맞고 틀림, 해야 할 것과 하지 말아야 할 것, 바람직한 일과 같은 판단의 기준이 가치관이다. 그 가치관이 형성하게 된 배경을 구체적으로 표현한다.
- 개인적 가치관과 사회적 가치관을 혼돈해서는 안 된다. 지원자 개인의 태도나 관점으로 표현할 수 있는 것이 중심이 되어야 한다.
- 평소 부모님께서 자주 인용하는 말씀, 선생님 가르침, 읽었던 책이나 강의 등 자신에게 큰 울림으로 다가왔던 이벤트를 주축으로 한다. 즉, 인생 전환점이 될만한 깨달음을 준 경험은 구체적으로 부각시킨다.

[예시] 가치관 = 도전정신

저의 가치관은 '끊임없는 도전'입니다. 가치관 형성에 부모님의 '방목'이 큰 작용을 했습니다. 부모님은 늘 울타리와 방향에 대해서만 말씀하셨고, '어떻게' 할 것인가는 '믿음'으로 저에게 위임했습니다. 믿음은 다양한 도전의 마중물이 되었습니다. 자전거 체인 대신에 끈을 사용하는 무모함도 있었습니다.

③ 가치관이 지금까지 삶에 지속적으로 영향을 준 것이 있다면 강조한다.
- 유년시절 호기심이 대학시절 문제의식의 근간이 되었고, 그 문제의식이 확장되어 관심분야와 연계된 다양한 활동을 하는 디딤돌이 된 사례를 찾는다.
- 어려운 상황이나 극복해야 할 난관에 처했을 때 가치관이 기준이 되어 문제해결에 큰 힘이 된 사례가 있다면 그 과정을 구체화시킨다.
- 가치관이 미래의 모습에 어떻게 영향을 줄 수 있는 지도 사전에 준비해 놓는다면 면접에서 활용할 수 있다.

> **[예시] 가치관 = 도전정신**
>
> '끊임없는 도전'은 대학생활에서도 이타적 엉뚱함으로 표출되었습니다. 엉뚱함은 '왜'라는 질문으로 상대에게 곤란한 상황을 만들기도 했습니다. 2022년 9월 가을학기 개강일에 학과회비는 지난해와 동일하다는 안내를 받았습니다. '왜'라는 호기심이 발동했습니다. 2021년은 온라인 수업이었습니다. 2022년 하반기는 대면수업이 증가할 것을 대비해 계획을 다시 검토하고 회비를 책정하자고 제안했습니다.

입사 후 포부(계획)

입사 후 포부는 인사환경이 바뀐 현재로서는 기업에게 부담일 수밖에 없다. '주52시간 근무제'가 시행되기 이전에 기업교육은 '기업주도'로 이뤄졌었다. 2018년도 7월부터 전격 시행한 '주52시간 근무제'와 예기치 않았던 코로나19로 인한 강제적 사회적 거리두기는 기업교육의 주도권을 '개인'에게 돌려줬다. 기업은 필요인재를 기업주도로 육성해 왔던 '관리'체계였지만, 2018년 하반기부터는 스스로 준비하도록 '지원'하는 체계로 전환되었다. 기업에서는 구성원이 설정한 미래 포부나 계획과 실천력 정도가 중요해졌다. 그런 의미에서 기업은 입사 후 포부를 물어본다. 기업은 '맡길 인재'를 원한다.

기업은 자발성을 기반으로 한 직무 역량 육성을 실천하는 인재를 좋아한다. 전문가가 되기 위해 목표 설정은 어떻게 할 것이며, 실천 방안은 무엇인지 탐문한다. 기업은 새로운 기술이 나타나면 적극적으로 활용해 부가가치를 창출하여 높은 성과를 내는 '적응적 인적자원 그룹'에 속하는 '맡길 인재'로 성장할 수 있는 '될 성 싶은 떡잎'을 찾고자 노력한다.

'입사 후 포부'는 계획인 만큼 '자소설'될 확률 또한 높다. 구체적이며 명확한 내용으로 구성되어야 신뢰가 간다. 흔히 볼 수 있는 자기소개서는 '지원 직무에 전문가가 되겠습니다', '뽑아만 주신다면 최선을 다해 열심히 노력하여 기업에 보탬이 되는 인재가 되겠습니다'처럼 두루뭉술한 표현이다. 기업 인사담당자는 혼란스럽다. 이렇게 성의없이 지원한다는 점에 멘탈이 무너질 수도 있다. 입사 후 포부는 일을 좋아하므로 자발적으로 전문가가 되려고 실천적 계획을 수립한다는 점에서 의미를 찾을 수 있다.

[주요 질문 유형]
① 입사 후 5년(또는 10년) 후 지원자가 바라는 모습(또는 목표)는 무엇인가요?
② 중간관리자가 되었을 때 어떤 모습의 리더가 되기를 기대하나요?
③ 지원 직무 분야로 전문가가 되기 위한 계획은 무엇인가요?
④ 지원 직무와 관련하여 부족한 점과 앞으로 보완할 계획은 무엇인가요?

[왜 물어 볼까?]
① 구체적이며 명확한 자기주도적 계획을 갖고 있는가?
② 전문가가 되기 위한 욕구와 실천 의지가 있는가?

[준비는 어떻게 하면 좋을까?]
① 지원자의 직무 발전계획을 실현 가능성과 신뢰성이 높도록 제시한다. 가장 중요한 요소일 수 있다.
  - 가급적 시계열화하여 3단계로 설명한다. 2단계는 시각적으로 너

무 적어 보일 수 있으며, 4단계 이상은 복잡하고 실현 가능성이 낮다고 판단할 수 있다. 3단계가 적정하다. 입사 후 포부인 만큼 기간과 명확한 목표, 방법을 반드시 포함한다.
- 실제 실현 가능한 전략을 제시하되, 회사도 도움이 되는 '윈-윈' 전략임을 강조한다.

> [예시] 5년 후에 oo분야 전문가 Top5 입성
> - 적응단계) 1년차에는 조직 내 담당 직무를 파악하고 회사 내 연관성 직무를 분석하겠습니다.
> - 확장단계) 2~3년차에는 동업계와 비교하여 우리 회사의 SWOT를 분석하고, 보완할 수 있는 전략을 수립합니다. 아울러 유관단체를 이용하여 전문역량을 확장할 수 있는 기회로 활용하겠습니다.
> - 전문단계) 4~5년차에는 야간·주말과정 대학원에 진학하여 깊이 있는 전문이론을 학습하겠습니다.

② 지원 직무에 임하는 자세나 각오를 구체적으로 설명한다. 조직 적응 방법, 향후 업무에 임하는 자세 또는 계획, 자기계발 계획과 회사 기여 방안 등을 구체화 시킨다.
③ 구체적으로 업무계획을 밝힌다.
  - 산업과 업종 트렌드를 분석하여 직무 접목 방법을 제시한다.
  - 4차 산업혁명 시대 맞춤형 디지털, 스마트 혁명, 인공지능 등과 연계할 수 있는 계획을 마련하여 언급하는 것도 좋다.

03 주인의식과 책임감을 갖고 잘 할 수 있을까?

　기업은 '주인의식(ownership)'과 '책임감(responsibilities)'이 주요한 키워드이다. 주인의식은 '일이나 단체 따위에 대하여 주체로서 책임감을 가지고 이끌어 가야 한다는 의식'으로 정의한다. 주인의식과 책임감은 '바늘과 실'이다. 주인의식과 책임감은 상호 보완관계이다. 한 때 CEO들이 '주인의식을 가져야 한다'라고 외쳤던 시절이 있었다. 그만큼 역사가 오래되었다. 디지털 발달로 시공간을 넘나드는 4차 산업혁명에도 스토리가 변치 않고 유지되는 이유는 뭘까?

　유심히 들여다보면 주인의식의 대상이 바뀌었다. 예전의 주인의식의 주체는 회사였다. '이 회사는 내 것'이라는 평생직장 시절에는 '조직' 중심이었다. 지금은 직무이다. 평생직장에서 평생직업으로 바뀌었다는 것을 한 눈에 알 수 있다. '노마드형 인재'는 자신이 담당하는 직무에 대해서는 전문성을 갖추고 스스로 판단할 줄 아는 주인의식을 갖고 있다.

　직무에 대한 주인의식은 '좋아한다'는 의미와 그 분야에서 전문가가 되기 위한 야심 찬 계획이 있다는 것을 내포한다. 생각은 행동을 낳는다. 계획은 실천으로 옮겨지고, 그 과정에서 자신의 부족한 점을 파악하고, 보완할 방법을 찾아 실천하는 것이 직무에 대한 주인의식이자 책임감이다.

　생각의 한 뼘 차이가 삶의 결과에서는 엄청난 격차로 보여진다. 바라보는 관점이 긍정적인지 부정적인지에 따라 결과는 확연하게 차이가 난다. 매 순간마다 갈림길이다. 주인의식과 책임감이 갈림길에 서 있는 신호등이다. 직진할 것인지 아니면 좌회전 또는 우회전할 것인지를 알아 보는 방법으로 성장 배경, 성격 장단점, 입사 후 포부를 질문한다. 성장 배경과 입사 후 포부는 앞에서 설명했다. 여기에서는 성격 장단점에 대해 알아본다.

성격 장·단점

성격 장단점은 주로 자신의 책무를 잘 마무리할 수 있는지와 동료들과 협업하면서 원만하게 잘 지낼 수 있는지가 잘 들어난다. '성격이 온순하다', '난폭하다', '급한 성격' 등 성격에 대한 표현은 무궁무진하다. 이렇듯 성격은 각양각색이다. 성격이 다르다는 것은 공동체에서 조금씩 양보하고 배려하면서 어떻게 조화롭게 맞춰 갈 것인지에 초점을 맞춘다.

담당한 일을 기한 내에 마무리하지 못하는 원인이 낮은 역량인지 성격 탓인지가 기업에서는 짚고 넘어가야 할 주요 포인트이다. 역량이 부족한 것은 학습을 통해 보완 가능하기에 큰 문제가 아닐 수 있다. 성격은 그 행위가 반복될 확률이 높다고 가정할 때 심각한 상황으로 치닫게 될 수도 있다. 세대간·성별간·개인간 갈등의 원인이 될 수도 있다. 더 나아가 잘못된 행위를 바로 잡는 과정에서 '직장내 괴롭힘 방지법' 위배 행위가 발생할 소지도 충분하기에 조심스럽다.

성격 장단점에 대한 기술 내용의 상당 부분은 두루뭉술하다. 장점이자 단점이라고 표현하기도 한다. 장점으로 '꼼꼼함'을 제시하면서 회계·재무에 적합하다고 기술한다. 동시에 융통성이 없다는 단점으로 설명하는 경우도 있다. 틀렸다기 보다 장점의 '꼼꼼함'과 단점의 '꼼꼼함'은 개념상 다르다. 장점으로 꼽는 '꼼꼼함'은 주도 면밀하게 일을 처리한다는 내용이다. 반면에

융통성이 없다는 의미의 '꼼꼼함'은 계획성 있다기 보다 숲을 보지 못하고 나무에 집착한다는 의미가 더 많이 내포되었다. 단어가 갖는 뜻을 잘 살펴보면서 사용하는 것도 자기소개서와 면접 응대요령 중 하나이다. '자립'과 '독립'이 다르듯이, '안다'와 '이해한다'도 분명 다르다. 잘못된 단어 선택은 자신이 얘기하고자 하는 의미가 왜곡될 수도 있다는 점에서 유념해야 한다.

[주요 질문 유형]
① 지원자 장단점과 특기는 무엇인가요?
② 지원자의 단점은 무엇이며, 그동안 극복해 왔던 경험에 대해 설명하세요.
③ 지원자의 재능과 특기사항은 무엇인가요? 형성하게 된 배경은 무엇인가요?
④ 지원자 강점을 활용하여 어려움을 이겨냈던 경험은 무엇이 있나요?

[왜 물어 볼까?]
① 조직에서 조화롭게 융화될 수 있는 성격인가?
② 직무 수행시 구성원과 원만하게 지낼 수 있는 성격인가?
③ 난관에 부딪혔을 때 슬기롭게 헤쳐 나갈 수 있는 성격인가?

[준비는 어떻게 하면 좋을까?]
① 지원자의 SWOT 분석을 한다.
- Strength(강점)
- Weaknesses(약점)
- Opportunities(기회)
- Threats(위협)

> ※ '조하리의 창(조셉 러프트와 해리 잉햄 1955년 발표)'도 활용 가능하다.
> - 열린 영역(open area) : 나도 나를 알고, 남도 나를 아는 영역
> - 맹목 영역(blind area) : 남은 나를 알고, 나는 나를 모르는 영역
> - 숨겨진 영역(hidden area) : 남은 나를 모르고, 나만 알고 있는 영역
> - 미지의 영역(unknown area) : 남도 모르고, 나도 모르는 영역

② 지원자 장점이 부각될 수 있는 성격을 강조한다.
- 성격* = 성품** + (환경 × 노력^n)
  * 성격 : 환경과 노력 여하에 따라 변화(맹모삼천지교)
  ** 성품 : 타고난 성질로 일명 기질이라고 함 → 사람은 고쳐 쓰는 것이 아니다.

> ※ 환경을 얼마나 내 것으로 만들고, 노력을 얼마만큼 했느냐가 관심 대상이다. 이 부분은 Part 2의 Chapter 4에서 자세히 다룰 것이다.

③ 두괄식으로 지원자 성격을 명확하고 구체적으로 설명한다.
  - 기업의 질문에 답을 하되, 맨 앞 문장에 기술한다.
  - 에피소드, 성격 관련 구체적 경험을 중심으로 설명하되, 일반적이거나 식상한 것은 눈길을 사로잡기에 실패할 확률이 높다.
④ 단점에 대한 극복 사례와 미흡한 부분에 대한 개선방안을 구체적으로 제시한다.
  - 단점을 솔직하게 표현하고 극복 의지와 노력을 구체적으로 기술하되 인사이트 중심으로 미래지향적 계획을 담아 기술하는 것이 바람직하다.
  - 장점을 단점으로 표현하거나 언급을 하지 않는 것은 권장할 일이 아니다.
  - 치명적 단점(학교 폭력 등)은 가급적 언급을 자제하는 것도 방법이다.

> **[예시] 융통성이 부족한 단점을 극복한 사례**
>
> 단점은 융통성 부족입니다. 원리원칙에 집착하는 경향이 있습니다. 이제는 많이 좋아졌습니다. 융통성 부족함을 극복하기 위해 2019년 대학 신입생일 때 스스로 '듣기' 연습을 했습니다. '절대 기준을 생각하지 말자. 이타적 의견의 타당성에 귀 기울이자'라는 생각으로 가능한 타인의 얘기를 끝까지 경청했습니다. '안돼!'라는 단호함보다 경청 끝에 제 생각을 구체적으로 설명했습니다. 2019년에는 동아리 예산 전용에 불가하다는 의사를 밝혔다면, 2022년도에는 타당성 검토를 하고 학생회 행사에 일부 전용을 동의했습니다. 앞으로도 단점 보완을 지속하겠습니다.

04 협업이 가능할까?

협업은 반드시 다루는 항목이다. 무인도에서 혼자 지내는 것이 아니라면 '협업'은 공동체에서 필수 항목이다. 기업은 더욱 그렇다. 최근 협업해 본 경험에 대한 질문이 늘어나고 있다. 협업은 서로 잘하는 것을 합쳐 시너지를 내는 것이다. 우스개 소리로 직장에 갈 때 '간과 쓸개'는 집에 놔 두고 가야 한다는 얘기가 있다. 협업이 생각만큼 쉽지 않다는 것을 보여준다. 집에 놔두어야 할 것으로 '자만심, 지루함, 방자함, 나태함, 탐욕, 분노' 등을 꼽는다. 챙겨야 할 덕목으로는 '즐거움, 친절함, 배려, 자기 통제력, 상냥함, 신뢰, 동료애' 등이다. 놔 두고 가야 할 것을 챙겨 가면 '직장내 괴롭힘'이 될 수 있다. 챙겨야 할 덕목이야 말로 협업의 마중물이다.

그렇다면 '협동'에 대한 의미는 뭘까? 이미 잘 알고 있지만 막상 설명하려고 하면 입이 잘 떨어지지 않는 것 또한 사실이다. 사전적 의미는 '서로 마음과 힘을 하나로 합하는 것'이다.

여기에서 주목해야 할 부분이 있다. 마음과 힘을 하나로 합하는 것은 인위적으로 되는 것이 아니라 서로의 뜻과 마음이 통해야 가능하다. 협동은 '존중'과 '배려'에서 출발한다. 존중과 배려는 서로의 '다름'을 이해하고 인격체로서 수평적으로 바라볼 때 가능하다.

상대방의 의견이 혹여나 다르더라도 그렇게 생각하는 데에는 자신만의 가치관과 경험에 기초한다는 점을 인정하기에 협업이 가능하다. 배움·나이·경험·성별과 같이 개인마다 차이가 있는 것은 분명하다. 그 차이는 선입견의 대상이 아니라 있는 그대로 인정하는 것이 중요하다. 협업의 씨앗이 '존중'과 '배려'라면, 싹을 틔우기 위한 물과 햇살은 '다름의 인정'과 '인격체로서 수평적 대우'이다.

특히 4차 산업혁명 시대는 협업을 빼 놓고 얘기할 수 없을 만큼 일상이 되었다. 혼자서 모든 것을 해결할 수 있거나 해야 하는 시대는 어디에서도 찾아보기 힘들다. 이제 기업은 개인전이 아니라 단체전이다. 그 만큼 협업은 기업에서 중요한 키워드이다. 한 사람의 어긋난 행동이 기업의 성과와 직결되는 경우도 있다. 기업의 질문은 대동소이하다. 같은 목표를 향해 다른 사람과 함께 일해 본 경험을 확인하려 한다. 이 질문에는 존중과 배려의 인성을 기초로 하여 '이보 전진을 위한 일보 후퇴'처럼 다양한 경험을 구체적으로 기술하면 된다.

자주 등장하는 답변 아이템으로는 '팀 프로젝트', '동아리 관련 활동'이다. 경험의 대부분이 '포기하지 않았고, 경청과 설득하면서 끝까지 완주할 수 있도록 책임있게 행동했다'는 내용이다. 명확하게 전달하려는 의도가 무엇인지 파악하기가 어렵다. 틀린 것이라기보다 기업이 궁금해 하는 내용과 거리감이 있다는 느낌이 더 많이 든다. 협업의 근간인 인성을 중심으로 몇 가지 지켜야 할 조건을 탑재해서 목표를 달성했다는 것이 더 바람직하다. 경험에서 얻은 인사이트를 협업의 기준으로 제시했던 사례를 검색해 보자.

협업은 먼저 해결해야 할 몇 가지 선행 조건이 있다. 첫째, '명확한 역할 분담'이다. 역할 분담은 '무임승차(free rider)'를 예방할 수 있다. 무임승차는 함께 하는 다른 사람의 의욕을 꺾어 버리는 암적인 존재와 같다. 역할 분담은 악역일 수 있지만 누군가 앞장서야 가능하다. 리더가 있다면 큰 문제가 없겠지만, 그렇지 않다면 누군가 악역을 자처해야 한다. 또 함께 하는 사람들의 역량을 잘 알아야 역할 분담할 수 있다. 인사에서 얘기하는 '적재(right talent) · 적소(right position) · 적시(right time)'를 위한 사전 정지작업이다. 적합한 재능이 적합한 역할을 할 수 있도록 맡기는 것이 '적재적소'이다. 협업은 이처럼 리더십도 버무려야 할 때가 있다.

둘째, 협업을 위한 '가이드라인'이다. 상호간 커뮤니케이션 방법, 회의 절차, 지켜야 할 것, 프로젝트 수행기간 등 세밀한 계획을 말한다. 가이드라인은 '최소 비용으로 최대 효과'라는 경제 원칙이 적용된다는 점과 집단지성의 시너지를 발휘하기 위함이다. 피터 드러커는 '절대로 해서는 안되는 일을 효율적으로 해내는 것 만큼 쓸모 없는 일은 없다'라고 효율성을 강조한다. 협업에서 중요하게 다뤄야 할 주제이다. 가이드라인이 만병통치약은 아니지만 효율적이며 효과적 협업을 위해 필요한 조치이다.

한 가지 유념해야 할 부분이 있다. 협업은 자기소개서에서만 다루는 항목이 아니다. 인성면접이나 토론면접에서 다시 한 번 검증을 시도한다. 4차 산업혁명 시대에는 협업의 중요성이 더욱 부각되었고, 앤데믹 상황에서는 다양한 면접에서 활발하게 다루어질 것으로 예상되므로 깊이와 넓이를 갖춘 사례가 필요하다.

경험/경력사항_협업을 중심으로

경험과 경력사항은 다양한 질문으로 등장한다. 리더십, 갈등과 해결사례, 커뮤니케이션, 의사결정능력 등 여러 질문에 활용될 만큼 인기가 높다. 경험과 경력사항에서 몇 가지 주요하게 다루어야 할 것이 있다.

첫째, '성찰(insight)'이다. 기업은 이력서에 열거된 내용을 확인하는 수준을 넘어서, 지원자가 깨달은 것이 무엇이고, 그 깨달음이 미래에 어떻게 영향을 미칠 수 있는지에 관심이 크다. '사실은 짧게, 경험에서 얻은 성찰은 구체적으로'라는 자기소개서 기술방법이 기업의 궁금증을 해소시켜준다. 성찰 또는 깨달음은 기업이 깊은 관심으로 들여다 보는 내용 중 하나이다. 단순히 직무 관련 경험을 했거나 경력이 있다는 것은 없는 것보다 나을 수 있지만 그것만으로 기업은 만족하지 않는다. 그 과정에서 얻은 성찰이 무엇인지에 방점을 찍는다. 성찰은 성장의 밑알과 같기 때문이다.

둘째, 결과만큼 중요한 것이 '과정'이다. 결과도 중요하지만 성장단계에 있는 신입사원이라는 점에서 '과정'에 훨씬 더 가치를 둔다. 과정에서 보여

주는 다양한 행동은 인성을 비롯해 체득한 지식과 경험이 모두 버무려져 표출된다는 점에서 의미가 있다. 그래서 채용담당자가 눈여겨 보는 것이 과정이고, 그 과정에서 미래 성장성을 가늠해 본다. 자기소개서 대부분은 사실 열거에 집중한다. 인사담당자들이 유사하거나 특별한 것이 없다고 기피하고 싶은 자기소개서 80~85%에 속할 확률이 높다. 구체적이면서 명확하게 드러날 수 있도록 표현 연습을 하자.

[주요 질문 유형]
① 다른 사람과 함께 공동 목표를 위해 노력한 경험은 어떤 것이 있나요?
② 공동 목표 달성을 위해 긴밀하게 소통하며 성공적으로 협업을 이룬 경험은 무엇인가요?
③ 다양한 정보와 데이터를 체계적으로 수집, 분석, 조직화하여 활용해 본 경험은 어떤 것이 있나요?
④ 가장 열정적으로 노력했던 경험은 무엇인가요?
⑤ 계획이 어긋났을 때 책임감을 갖고 적극적으로 끝까지 완주한 경험은 무엇인가요?
⑥ 갈등이 발생했을 때 리더십으로 문제해결한 경험은 어떤 것이 있나요?

※ 최근에는 커뮤니케이션, 의사결정능력 등 다양한 경험을 요구한다.

[왜 물어 볼까?]
① 조직 생활에서 다양한 활동을 하면서 원만하게 잘 지낼 수 있을까?
② 어려움이나 난관을 어떤 과정을 통해 해결하였으며 성과는 어떻게 창출했을까?

③ 의사소통 능력과 의사결정 능력이 있는 지 여부와 상황에 빠른 대처가 가능할까?
④ 원만하게 팀을 이끌 수 있는 리더십이 있는가?

[준비는 어떻게 하면 좋을까?]
① 지원 직무와 관련한 역량과 인성이 도드라지도록 표현한다.
　- 역량 = 성격 + (환경 × 노력$^{n)}$)
　- 지원 회사의 인재상에 부합하는 인사이트를 구체적으로 구조화한다.
　- 실제 경험을 1~2가지로 선택(연관성, 최근 일자 순)한다.
　- 지원자 역량이 돋보이도록 구체적으로 작성한다.

[예시] 총무직무 지원

총무직무는 어머니와 같습니다. 총무는 전체를 조망할 줄 아는 맥락과 균형감, 다양한 의견의 경청과 배려, 존중이 요구됩니다. 2021년도부터 매월 1회 참가하는 '장애우봉사활동'에서 다양한 표현방법이 있다는 것과 다름을 배우고 있습니다. 선입견이 장애우를 불편하게 합니다. 사회는 한 가지 방법만 강요하지 않듯이 장애우마다 표현방법이 각기 존재합니다. 총무는 이처럼 공급자가 아닌 수요자 관점에서 경청과 배려, 존중할 때 깨끗한 혈액과 원활한 혈류로 건강한 조직을 유지할 수 있습니다.

② START 방식으로 경험 또는 경력을 정리하고 가장 적합한 것을 선택한다.
　- Situation : 구체적(시기, 장소, 인원 등) 상황을 기술한다.
　- Task : 자신의 역할이 무엇인지와 프로젝트 기여도 등을 상세하게 서술한다.

- Action : 역할에 따라 어떠한 행동을 했는지 일목요연하게 설명한다.
- Result : 본인의 역할이 결과에 어떤 영향을 미쳤는지 분석한다.
- Think : 가감없는 결과와 인사이트를 구체적이며 명확하게 표현한다.

[예시] 불만고객과 타협한 사례

- 상황) 아르바이트 근무 중 커피를 주문한 고객이 자신이 직접 커피를 가져가야 하는 데에 항의를 했다. 커피 가격에는 서비스도 포함되어 있을텐데 왜 앉은 자리까지 가져다 주지 않느냐는 불만이었다. 약 5분간 항의로 인해 고객의 대기줄이 길어졌고 일부 고객은 돌아가는 상황이 발생했다.
- 역할) 바리스타가 만든 커피를 고객에게 전달하는 업무를 수행했다.
- 행동) 고객의 항의가 시작될 때 키오스크에 직접 가져가야 한다는 내용을 반영하겠다고 설명했으나, 고객의 막무가내식 항변으로 설득에 실패했다. 고객의 불만 제기가 끝날 때까지 기다렸다. 키워드 중심으로 메모도 하면서 경청하는 자세를 보였다. 항의를 모두 경청한 후, 불만 요지를 간단히 되짚으면서 대안을 제시했더니 약 5분만에 상황이 종결되었다. 커피숍을 나갈 때에는 미안하다고 인사까지 했다.
- 결과) 끝까지 경청한 것이 주효한 것 같다. 수다는 스트레스를 90% 이상 해소시킨다는 이론을 약간이나마 경험하는 기회가 되었다. 상황이 조기에 종결되었다.
- 맥락) 화가 난 이유에 대해 끝까지 경청하는 것이 중요하다. 그 나름대로 이유가 있을 것이디. 끝까지 듣고 불만 제기내용을 간단히 확인하고, 당장 할 수 있는 것과 앞으로 해결할 것을 구분하여 제안하면서 일정 기간 후에 방문하면 보완되어 있을 것이라고 믿음을 주는 것이 좋은 해결책이라는 것을 알게 되었다.

③ 평가자가 가장 관심이 높은 순으로 기술한다.
- 연관성이 높은 순, 가장 최근 사례를 중심으로 구체적으로 설명한다.
- 직책, 역할, 프로젝트명, 사업내용, 지원자 역할에 초점을 맞춰 구체적으로 기술한다.
- 성과는 가능한 최대 수치화시켜서 구체적으로 기술한다.
④ 두괄식으로 구체적, 객관적으로 경험을 설명한다.
- 역할, 행동, 주요 성과 등을 중심으로 하되 사실은 짧게, 인사이트는 구체적으로 기술한다.

05 공공기업만 '직업윤리'가 중요할까?

'근로윤리'란 뭘까?

직업윤리는 직업을 수행함에 있어서 요구되는 행동규범으로 필요한 태도, 매너, 올바른 직업관을 포함한다. 국가직무능력표준에서는 직업윤리를 '근로윤리'와 '공동체윤리'로 구분한다. 근로윤리는 '일에 대한 존중을 바탕으로 근면하고 성실하며 아울러 정직하게 업무에 임하는 자세'로 규정한다. '근면', '정직', '성실'이 하위 개념이다.

'근면'은 한마디로 '부지런함'이다. 자신이 맡은 일을 주어진 시간에 마무리하고 부지런하게 임하는 태도이다. 미국에는 '소확횡'이라는 단어가 있다. '소소하지만 확실한 횡령'이라는 뜻이다.

그 중 하나가 근면에 반하는 '시간 절도'이다. 근무시간에 온라인 쇼핑을 하거나 사적인 전화 또는 SNS를 하는 행위, 흡연을 위해 자리를 비우는 것

등을 '시간 절도'의 사례로 꼽고 있다.

'정직'은 일을 수행할 때 거짓이나 꾸밈없이 바르고 곧게 처리하는 행동이다. '언행일치', 가치관에 기초한 '소신'이다. '소확횡'의 상당 부분이 정직에 위배되는 행위이다. 필기구, 복사용지와 같은 사무용품을 개인적 용도로 활용하는 '비품 절도', 회사의 판매용 제품을 개인적으로 활용하는 '제품 절도', 공금에 손을 대거나 사적으로 법인카드를 사용하는 '현금 절도', 회사기밀을 외부에 유출하는 '정보 절도'가 포함 된다. 공공기간이 가장 우선하는 직업윤리로 '정직성'을 꼽는 이유도 여기에 있다.

'성실'은 뭘까? 경쟁에서 이기기 위한 'Best One'이 아니라, 유일무이한 자신을 만드는 'Only One' 과정의 생활상이다. 성실은 '정성스럽고 참됨'이라고 사전에서 뜻풀이가 되어 있듯이 최선을 다한다는 의미이다. 최고는 최선을 다할 때 얻어지는 결과물이다. 결국 성실함은 강한 책임감으로 목표 지향적 행동을 촉진하며 지속성으로 성취 지향적 성질로 매듭지어진다. 성실하다는 것은 준법과 스스로 자제력을 갖추었으며 동기부여 특징이 있다.

'공동체 윤리'란 뭘까?

'공동체 윤리'란 뭘까? 국가직무능력표준에서는 '인간존중을 바탕으로 봉사하며, 책임감 있게 규칙을 준수하고, 예의바른 태도로 업무에 임하는 자세'로 규정하고 있다. '봉사', '책임의식', '준법', '예절'이 포함된다. 봉사는 민간기업보다 대민업무를 주로 하는 공공기업에서는 필수항목이다.

국가나 기업, 소비자를 위해 일한다는 것이 봉사이다. 자신의 이해만을 추구하는 것은 봉사정신에 위배된다. 이타적 배려와 존중이 봉사의 기초이다. 봉사는 누가 시켜서 한다면 버겁다. 아니 실현 불가능하다. 그 만큼 투철한 사명감이 전제되어야 정신노동의 폐해에서도 견뎌 낼 수 있다. 고객서비스 개념이 투철할 때 가능하다.

'책임의식'은 맡은 업무를 책임지고 수행하는 자세로 근로 윤리의 근면함과도 일부 겹치는 부분이 있다. 책임의식이 높은 구성원은 자신이 마땅히 해야 할 일이라고 인정한다. 남에게 일을 미루지 않을 뿐더러 잘못된 결과에는 누구 탓을 하지 않는다. 자신의 책임이라고 먼저 인정하는 자세를 취한다. ICT 발전은 직업을 세분화시키고 전문성을 요구하면서 불명확한 업무경계로 틈새가 발생하는 경우가 있다. 책임의식은 이 때 보이지 않는 힘을 발휘한다. 개인은 책임의식이지만 기업 차원에서는 '사회적 책임(Corporate Social Responsibility: CSR)'이자 조금 더 나아가면 ESG에 해당된다. 2023년도부터 대기업을 중심으로 ESG 실행과 평가가 진행되므로 그 어느 때보다 관심이 높아지고 있다.

'준법성'은 기업이나 사회에서나 모두에게 요구되는 도리이자 의무이다. 직업인이라면 지켜야 할 규칙과 법질서가 있다. 이와 같은 규칙과 법질서를 준수할 때 준법성이 있다고 표현한다. 아무도 보는 사람이 없다고 빨간 신호등을 무시하고 횡단보도를 건널 수는 없다. 사회적 합의로 도출된 약속이다. 규칙이나 법질서는 사회적 안녕을 보존하기 위한 수단이다. 누구에게는 불편함일 수 있지만, 공동체 유지와 안녕을 위해 필요 불가결한 부분을 규칙이나 법질서로 정했고, 구성원이라면 무조건 지켜야 한다. 준법성은 정직성과 더불어 '언행일치'를 요구한다. 머리와 가슴으로는 빨간 신호등일 때 건너면 안 된다는 것을 인지하고 있지만 행동이 그렇지 않은 경우가

다. 말과 행동이 일치해야 준법성은 지켜질 수 있다.

마지막으로 '예절'이다. 예절은 오해의 소지가 다분히 내재하는 항목이다. 예절은 관습적 묵시적으로 이루어져 왔던 사회계약적 생활규범이다. 문화권이 다르면 예절풍속에도 차이가 있다. 예절은 상대방을 배려하고 존중한다는 의미가 짙게 깔려 있다. 봉사와 밀접한 연관성을 지녔다. 누가 시켜서 하는 예절행동은 어색하기만 하다. 불편한 기색이 역력히 보인다. 자발적 예절행동이 자연스럽고 진정성이 느껴진다. 해외여행은 문화권의 차이로 인한 예절의 다름을 이해하는 데 좋은 교재이다. 인사하는 방법이 다른가 하면, 식습관에서도 차이를 발견할 수 있고, 신체적 접촉을 거부하는 문화권도 있다. 우리에게는 긍정적 시그널이지만, 이타적 지역에서는 거부감으로 받아들여질 수도 있다. 주요 근무 소재지가 해외인 경우에는 이 부분이 중요하다.

이처럼 직업윤리는 자신에게 맡겨진 책무 중심의 '근로 윤리'와 공동체 내에서 지켜야 할 '공동체 윤리'로 구성되어 있다. 직업윤리 근간은 7개 항목(근면, 정직, 성실, 봉사, 책임의식, 준법성, 예절)으로 나뉘어져 있으나 조금만 더 관심을 가지면 직업윤리의 발원지가 인성이라는 것을 파악할 수 있다. 인성에 대해서는 다음 장에서 자세히 다룰 예정이다. 공공기업이 우선적으로 요구하는 직업윤리에서 다소 차이가 있을 수는 있으나 최근 사회적 책무를 강요받는 일반 기업들도 크게 다를 바 없다는 것을 유념해야 한다.

Chapter 4

역량=성격+(환경×노력^n)

01 기업은 역량을 왜 중하게 여길까!

'역량'은 어떤 일을 해낼 수 있는 힘을 일컫는다. 기업은 인재를 채용할 때 지원자로부터 미래 가능성을 본다. 미래 가능성은 인성에서도 찾을 수 있지만 일반적으로 역량에서 도출된다. 역량은 성과와 직결되기에 기업은 인성만큼이나 중요하게 다룬다. '홍길동씨는 엑셀을 참 잘해'라는 말은 수리능력과 전산처리능력이 남보다 뛰어나다는 의미이다. 회사는 홍길동씨를 숫자를 다루는 직무에 배치하는 것이 적합하다. 이렇듯 자신이 잘하는 역량이 무엇인지가 잘 드러날 때 지원 직무와 연계성이 높아진다.

역량은 태어날 때 갖고 태어나는 것이 아니라 후천적으로 만들어지기에 기업은 지원자가 역량을 만들어 온 과정과 노력에 관심을 가진다. 노력은 내면의 자신과 보이지 않는 경쟁이기에 더욱 궁금해 한다. 일상은 '유혹과 타협, 변명'의 '도돌이표'로 구성되어 있기에 성공에 도달한다는 것이 생각만큼 쉽지 않다. 다양한 유혹을 어떻게 극복했는지, 어떤 노력을 경주해 결과를 도출했는지에 채용 담당자는 눈독을 들인다.

  신입사원은 여러 분야에서 미완성으로 만들어 가는 과정에 있다. 결과보다 '과정'이 중요한 이유가 바로 이것이다. 과정은 미래 가능성을 예측할 수 있는 다양한 데이터를 내포하고 있다. 비록 과정이 부족하더라도 잘못을 인정하고 보완 수단을 강구하는 등 진실된 자가진단이 우선이다. 역량은 산출하는 방정식이 있다. 방정식이 갖는 의미를 이해한다면 국가가 정한 10가지 영역 추출에 손쉽게 다가갈 수 있다. 방정식은 '성격', '환경', '노력'으로 구성되어 있다. 살펴보는 순서는 '노력', '환경', '성격', '역량' 순이다. 아울러 자기소개서와 면접에서 자주 등장하는 몇 가지 역량을 중심으로 '고기 잡는 법'에 대해 살펴보자.

$$역량 = 성격 + (환경 \times 노력^n)$$

02 노력은 내면의 자신과 '보이지 않는 경쟁'이다

  일상은 '유혹과 타협, 변명'이라는 세 가지 굴레 안에서 반복되는 '도돌이표 삶'이라 할 수 있다. '다람쥐 쳇바퀴 돌 듯 한다'는 의미와 일맥상통한다. 유혹은 정말 견뎌내기가 힘들다. 매년 연초가 되면 다짐하는 다이어트는 '먹방'이라는 유혹을 견디지 못해서 '내일부터 해야지'라는 변명으로 끝나게 된다. 또 매일 운동을 해야 하지만 나약한 실천력에 의해 좌절되고 만다. 그 만큼 유혹은 노력이 넘어야 할 장애물 중 가장 난이도가 높다고 해도 과언이 아니다.

반대로 그 만큼 어려운 유혹을 뿌리치고 극복했다는 것은 차별화된 스토리텔링으로 자리매김할 수 있다는 데 반대 의견이 없다. 누구도 탐할 수 없고 모두가 부러워하는 경험의 소재로 두각을 나타낼 수 있다.

학창시절 또 하나 유혹은 시간과 공간 불문하고 찾아오는 불청객인 '잠'이다. 시험이 며칠 앞으로 다가왔는데 쏟아지는 잠을 뿌리치기가 쉽지 않다. 성악설에 지배받는 '머릿속 악당'은 잠을 자라고 유혹한다. 성선설을 철석같이 믿는 '현실의 자아'가 뿌리치려고 하지만 그 유혹에서 헤어 나오지 못한다. 그러면서 '내일 새벽에 일찍 일어나서 하자!'라고 '머릿속 악당'과 타협한다. 해가 중천이 되어서야 눈을 뜨게 되고 일찍 잠자리에 들었던 자신을 책망한다.

생각만큼 성적이 나오지 않으면 시험문제가 어려웠다거나 출제범위를 벗어났다거나 평소와 다른 스타일로 시험출제가 되었다는 등 갖가지 변명이 한 바구니이다. 누구나 한 번쯤 경험해 봤을 얘기이다. 필자도 똑 같은 경험을 해 봤다. 허나 어떠한 변명도 결과를 바꿔 놓을 수 없다. 결과는 오로지 자신이 떠안아야 할 몫이다.

'작심삼일(作心三日)'을 이겨낸 노력의 결과는 축하받아 마땅하다!

이처럼 유혹을 뿌리치고 노력을 기울인다는 것은 여간 어려운 일이 아니다. 노력해서 한 단계 발전한다는 것은 정말 대단하다. 박수받아 마땅하다. 그런 것을 찾으면 된다. '작심삼일(作心三日)'이라는 말이 생겨난 것도 유혹의 극복이 얼마나 어려운지를 입증해 준다. 실천하려는 의지와 노력이 있어야 가능하다.

다시 한 번 강조하지만 '머릿속 악당'과 보이지 않는 힘겨루기에서 이겨 내야 '작심삼일'을 극복할 수 있다. 비록 성공까지 못했다 하더라도 '작심삼일'의 유혹에서 벗어나 최선을 다한 과정이 있다면 'START' 방식으로 정리하자. 목표 도달에 실패한 원인이 무엇인지 분석하고 도약의 발판으로 삼자. 실패 원인을 인정하고 대안을 마련하여 실천하면서 또 다시 아픔이 반복되지 않도록 예방할 수 있다는 것이 중요하다.

'작심삼일(作心三日)' 견뎌 낸 다양한 노력

- 식탐을 이겨내고 체중 감량 조절에 성공한 사례
- 금연에 성공한 사례
- 외국어 향상에 성공한 사례
- 지원 직무 관련 자격증 취득한 사례
- 매일 만보 이상 걷기를 통해 체력을 증진한 사례
- 주, 월 등 주기적으로 정해 놓은 목표를 달성한 사례

이외에도 노력했던 다양한 사례가 존재할 것이다. 다만 표현방법이 문제이다. 표현방법은 자기소개서 작성편에서 자세히 다룰 것이므로 여기에서는 생략한다. 검증할 수 없는 두루뭉술한 표현, 차별화되지 않은 일반적 화법, 정확하게 이해할 수 없는 불명확한 표현 등은 아름답게 빛을 발할 수

있는 노력에 재를 뿌리는 것과 같다. 구체적이면서 체계적이어야 한다. 그것도 화려하지 않고 담백하게 써 내려가야 한다. 자세한 설명은 자기소개서 편을 참조하면 된다.

노력은 '양적 개념'에서 '질적 개념'으로 바뀌었다.

노력은 목표가 있을 때 힘을 얻는다. 목표가 있다는 것은 방향성을 의미하는 것으로 도전의 근거이다. 올 한해 5kg 체중 감량하겠다는 목표가 생기면 운동계획과 체중 감량 목표를 월별 또는 주간 단위로 설정한다. 예전처럼 열심히 운동만 한다고 체중 감량이 쉽게 달성되지 않는다. 영양소를 감안한 식단 조절에서부터 운동 방법까지 올바른 방법으로 진행할 때 효과가 나타난다. 이제는 단순히 열심히 한다는 것은 큰 의미를 찾을 수 없다. 지금은 '얼마나 올바른 방법'으로 하느냐가 중요하다.

미국의 심리학자 앤더스 에릭스가 발표한 '일만시간의 법칙'이 진화했다. '버전 2'가 나왔다. '버전 1'은 일만 시간이라는 '양적 개념'이 강했다면, '버전 2'는 질적인 측면에서 일만 시간이 강조된다. '얼마나 올바른 방법'으로 일만 시간을 보냈느냐가 관건이다. 그냥 열심히 노력하는 것으로는 부족하다. 무조건 빠르게 뛴다고 목표점에 먼저 도착하는 것이 아니다. 가장 빨리 갈 수 있는 길이 무엇인지, 방법은 어떤 것이 있는지를 찾아서 계획을 수립하고 실천하는 과정의 노력이 요구된다. 그 과정에서 깨달음이 생기고, 그 깨달음이 미래 가능성에 보탬이 된다면 금상첨화이다. 빠르게 뛰는 것도 중요하지만 빠른 길과 방법을 찾는 것이 우선되어야 한다. 그 다음에 더 빠르게 뛰는 노력이 병행되어야 한다.

03 'SMART 기법'과 목표 달성 습관

목표 달성은 성취감과 보람으로 이어진다. 그 과정이 험난하기에 목표 달성한 경험이 생각만큼 많지 않기에 성공한 사례 또는 실패에서 교훈을 찾은 사례는 채용 과정에서 높은 평가를 받는다. 대부분 유혹을 견디지 못하고 작심삼일(作心三日)로 끝나기 때문일까? 기업은 체계적이며 꾸준히 뭔가 이루기 위해 노력하는 과정에 박수를 보낸다.

'SMART 기법'은 1981년 조지 도란(George T. Doran)이 경영학 저널에 글을 실으면서 세상에 빛을 보게 되었다. 목표 달성하기 위해 계획을 어떻게 세워야 하는지를 알려준다. 흔히 실수하는 것이 올라가지 못할 나무를 오르겠다는 무모하면서 거창한 계획 수립이다. 계획을 보는 순간 지치게 된다. 좋은 방법이 아니다. 꿈은 거대해도 좋지만 발은 땅에 닿아 있을 때 안정감을 느낀다. 지금부터 'SMART 기법'으로 작심삼일을 이기는 방법을 소개한다.

SMART 기법

항목	정의
Specific	구체적이고
Measurable	측정 가능하며
Achievable	달성할 수 있는
Realistic	현실적이며
Timely	적절한 시간 배정

목표가 있다는 것은 바람직하다. 가야 할 방향이 있다는 점에서 긍정적이다. 다만 너무 멀거나, 높을 때에는 시작도 하기 전에 지칠 수 있다. SMART 기법은 현실적 계획 수립의 오류를 최소화하기 위한 전략이다.

첫째, 목표는 '구체적(specific)'이어야 한다. 체중 감량하겠다는 것은 의지이다. 목표는 왜(why), 무엇을(what), 어떻게(how)가 잘 반영되어야 한다. 적정 체중을 초과할 때에는 부정적 시선으로 인식될 수 있으므로 2023년 12월말까지 5kg을 감량한다는 것이 구체성을 반영한 첫 번째 목표 수립이다.

둘째, '측정 가능(measurable)'해야 한다. 피터 드러커는 '측정할 수 없으면 관리도 없다'라고 했다. 목표를 수립하고 달성하는 것도 일종의 경영이다. 관리가 필요한 영역이다. 피드백은 측정할 수 있을 때 가능하다. 2023년 1년간 5kg, 월별 500g 감량이 기준점이다. 언제라는 기준점이 있어야 측정할 수 있고 비교 분석이 가능하다. 막연하게 '체중을 감량하겠다'라고 한다면 어떻게 측정할 수 있을까? 측정은 계량화 되었을 때 가능하다.

셋째, '달성할 수 있는(achievable)' 목표여야 한다. 아무리 열심히 노력해도 도달할 수 없는 영역의 체중 감량은 목표로서 자격이 없다. 15일 동안 5kg을 감량하겠다는 것은 가능할 수도 있겠지만 일반적으로 쉽지 않다. 달성 가능한 목표여야 도전의식이 생긴다. 목표는 남을 위한 것이 아니라 자신을 위한 것이다. 어제보다 나은 오늘의 자신을 위해 땀 흘리면서 노력하는 것이다. 작은 성공이 습관이 되면 큰 성공의 마중물이 될 수 있음을 간과해서는 안 된다.

넷째, '현실적(realistic)'이어야 한다. 현실적이라는 단어에는 두 가지 의미가 포함된다. 목표를 달성해야 하는 이유(why)가 자신이 납득할 수 있을 때 지켜질 확률이 높다. 또 하나는 세 번째 기준과 연결했을 때 실속있는 목표여야 한다. 체중 감량은 현실적이다. 그것도 연간 5kg은 감내할 수 있는 수치이다. 부정적 시선에서 벗어나기 위함이라는 목적도 충분히 이해할 수 있다. 모두 현실적인 목표이기에 충분히 도전의 가능성을 높인다.

마지막으로 '적절한 시간 배정(timely)'이다. 일년 동안 5kg을 감량한다는 것은 구체성에서 다소 막연한 목표이다. 연간 목표를 월간, 주간, 일 단위로 세분화할 때 목표에 한 걸음 다가갈 수 있다. 세분화된 목표는 측정가능할 뿐 아니라 달성가능하고 현실적이므로 목표로서 충분한 자격이 있다.

목표는 'SMART 기법'으로 구체적이고, 측정가능하며, 달성할 수 있는 수준에서 현실적이며 적절한 시간을 배정할 때 또 하나의 경험으로 탄생할 수 있다. 새로움은 고통이 뒤 따른다. 아무런 댓가 없이 이루어지는 것은 없다. 특이하고 창의적인 경험이 필요한 21세기에 'SMART 기법'을 활용하여 유니크한 경험을 쌓아 보자.

04 성장배경과 '맹모삼천지교(孟母三遷之敎)'

훗날 전국시대의 철학자가 된 맹자에게 좋은 환경을 조성해 주기 위해 맹자의 어머니가 아들 교육을 위해 세 번이나 이사를 했다는 가르침이 '맹모삼천지교(孟母三遷之敎)'이다. 한 번은 묘지 근처로 이사를 갔다. 맹자가 보고 듣는 것이 상여와 곡성이다 보니 그것을 흉내 내고 있다는 것을 발견하고 시장 근처로 이사를 했다. 시장 근처에서 터득한 것이 물건 거래 흥정이어서 장사 흉내를 냈다.

이에 어머니는 자식 교육에 도움이 되지 않는다고 서당 근처로 집을 옮겼다. 그 때 비로서 글 읽는 흉내를 내기에 자식을 기르기에 적합하다고 판단하여 정착하게 되었다는 얘기이다.

환경이 얼마나 중요한지를 일깨워 주는 일화이다. 부모는 자녀의 스승이라 했다. 대부분 시간을 부모와 함께 보내면서 보고 듣는 것이 부모의 말과 행동이므로 당연히 스승이라 할 수 있다. 그러하기에 기업은 성장 과정 또는 성장 배경에 대해 관심을 갖고 질문한다.

숨은 장점을 찾아라

보이지 않는 장점은 무엇일까? 보이는 것에 너무 매몰되다 보면 새로움에 눈이 멀어지기가 쉽다. 찾으려는 시도조차 하지 않게 된다. 남 탓을 하면서 쉽게 포기하게 된다. 환경 탓만 하기에는 여건이 그렇게 녹록치 않다. 변명한다고 누가 귀 기울여 들어주지도 않는다. 자신만 초라해진다. 환경을 내 것으로 만들어야 한다. 만드는 과정은 저절로 되는 것이 아니라 시간과 땀의 노력이 투입되어야 가능해진다.

'오피니언 리더(opinion leader)'는 환경 탓을 하지 않는다. 스스로 극복할 수 있는 방안을 마련하고 실천한다. '당신, 해 봤어'로 유명한 정주영 회장도 힘든 고비를 슬기롭게 여러 번 넘겼다. 당시는 고난이었지만 지나고 나면 아름다운 추억으로 승화된다.

환경은 극복의 대상이지 탓을 해서는 안 된다. 극복하고 노력한 결과는 경험이 되어 고스란히 자기 몫으로 돌아온다. 모든 경험을 내 것으로 만들면서 수용하는 태도가 중요하다. 찾아온 기회를 최대한 활용하면서 즐거웠던 기억과 성공 경험, 예기치 않았던 위협으로 난관에 봉착했던 경험과 그 경험에서 깨닫게 된 진실의 모든 재료는 스스로를 업그레이드 하는 데 사용되는 재료이다. 헛되게 다룰 것이 하나도 없다. 어떻게 받아 들이느냐에 달려 있다.

최근 K-푸드를 세계 곳곳에 알리는 모 방송국의 '한국인의 식판'에 '랍스타 급식'으로 유명한 영양사가 출연한다. 1인당 3천원이라는 한정된 급식비로 획기적인 학교급식 메뉴를 만들기까지 보이지 않는 노력은 남다른 고통이자 땀의 결과이다. '달걀이 먼저냐 닭이 먼저냐'와 같은 핑퐁게임에서 영양사는 스스로 갈 수 있는 길을 개척했다. 저렴한 운영비와 랍스타는 절대 이루어질 수 없는 메뉴이다. 저렴한 식재료를 구하기 위해 노량진수산시장에서부터 새벽시장 곳곳을 발품을 팔면서 누볐다. 현재 맞딱뜨린 문제를 회피하거나 남 탓하기보다 자신의 역량으로 숨은 2인치를 찾으려 애쓴 결과가 랍스터, 대게 한 마리, 장어덮밥, 닭 한 마리와 같은 '명품 급식'이라는 자신만의 브랜드가 뒤따르게 되었다.

다음 두 사례는 어려운 환경을 이겨내고 새로운 길을 개척한 이야기이다. 첫 번째 이야기는 2022년 여름방학 때 멘토링에서 만난 학생의 대학교 생활이었고, 두 번째 이야기는 2021년 가을학기 수업에 참여했던 학생의 이야기이다. 환경을 어떻게 이겨내면서 노력했는지 잘 보여주는 사례라 할 수 있다.

어려운 가정환경을 극복한 사례

환경)

대학 진학이 어려울 만큼 가정형편이 어려웠다. 자신의 꿈을 스스로 이루기 위해 진학을 선택했다. 입학금만 해결하면 나머지 등록금과 생활비는 스스로 해결하겠다는 각오였다. 입학금은 부모의 도움을 받았다.

계획)

① 대학교 4년 동안 장학금을 받아 등록금을 해결한다.
② 생활비 마련을 위해 아르바이트를 할 수 있는 최대로 한다.
③ 매월 1권의 책을 읽는다.

노력)

① 짜투리 시간을 최대한 활용한다.
 - 버스 기다리는 시간, 수업 시작 전과 종료 후 여유시간, 아르바이트 휴게시간, 걸어 다닐 때 등 파편처럼 흩어져 있는 조각난 시간을 모아 학업에 매진한 결과 등록금 상당 부분을 충당할 수준의 장학금을 받았다.
② 시간도 돈이라 생각하고 하루 일과를 규칙적으로 순서와 방법을 정해 놓고 실천한다.
 - 책은 매일 15페이지를 읽고 요점을 키워드 중심으로 정리했다. 키워드에 관련된 자신의 생각을 글로 표현해 보았다.
 - 학업과 아르바이트 일을 병행하기 위해서는 건강 유지가 최선이었으므로 일상과 운동을 병행하는 방법을 선택했다. 대중교통은 한 정거장 전에 내려서 최대한 빠른 속도로 걸었다. 틈 나는대로 장소를 가리지 않고 스쿼트 등 근력운동을 반복했다.

> **결과)**
> ① 총 7학기 장학금을 받았으며, 등록금의 상당 부분을 충당할 수 있었다.
> ② 틈틈이 읽은 독서량과 일기 형식의 글쓰기는 자신을 더욱 건강하게 만들었을 뿐 아니라 취업에 든든한 버팀목이 되었다. 독서는 다양한 표현과 인용에 크게 활용되었으며, 거의 매일 써 왔던 글쓰기는 자기소개서 작성에 큰 힘이 되었다.
> ③ 꾸준한 체력유지를 위한 운동은 대학생활 내내 잔병치레 없이 마무리할 수 있는 근원이었으며, 어떠한 난관도 이겨낼 수 있다는 자신감이 되었다.
> ④ 일정한 패턴의 루틴(routine) 생활은 현대인의 바쁜 일상에서 틈틈이 '쉼'이라는 여유 공간을 만들어 주는 신의 한수가 되었다.

멘티였던 학생은 2022년 하반기에 당당히 원하는 기업에 입사하였고, 입사와 동시에 전문역량을 키우기 위해 2023년도 대학원에 합격하여 일과 학습을 병행하는 사회인이 되었다. 쉽지 않은 학창시절이었지만 잘 이겨내고 환경을 자기 것으로 만든 결과여서 더욱 뜻 있는 사례이다. 이 번 이야기는 반복되는 일상을 극복한 사례로서 공감과 함께 자신에게 접목해 볼 만한 사례이다.

'도돌이표'처럼 반복되는 환경을 바꾼 사례

환경)

주간에는 학교생활, 야간에는 커피숍 아르바이트, 주말에는 쉼이라는 일상이 매주 반복되면서 지루함과 나른함으로 즐거움을 찾을 수 없었다. 루틴(routine)의 삶을 신명나게 바꿀 수 있는 방법은 없을까 고민이다.

계획)

① 하루 일과에서 내가 주도해서 추진하는 것이 무엇인지 파악한다.
② 수동적 일상에서 내가 주도적으로 추진할 수 있는 영역을 분석한다.
③ 매일 하루를 정리하는 의미로 기록으로 남긴다.

노력)

① 익숙함을 버린다.
 - 분석한 결과 자기주도적인 것이 거의 없다는 것을 확인하였고, 지루함과 나른함의 원인 제공이 자신이라는 것을 파악했다. 제일 먼저 당연하게 여겼던 '익숙함'에 반기를 들었다.
 - 익숙함에서 벗어나기 까지 6개월 이상의 시간이 소요되었다.
② 버린 익숙함의 빈 공간에 '왜(why)'라는 의문으로 채웠다.
 - 익숙함에서 벗어나면서 모든 것이 새롭게 보였다. 자동적으로 해 왔던 행동이 다소 어색하게 느껴질 정도였다.
 - '왜'라고 제기한 의문은 늘 반복되어 오던 커피숍의 업무처리를 개선하는 데 큰 힘이 되었다. 사무실 근처에 위치한 커피숍은 오전 출근시간과 점심시간에 고객이 집중되는 현상이 발생했다. 대기시간이 길어지면서 고객의 불만은 증가하였다. 불만은 곧 매출 저하로 이어질 수 있어서 시급하게 해결해야 할 문제가 되었다. 제조가 필요한 음료와 그렇지 않은

> 음료 주문이 한 창구에서 이루어진다는 것을 파악했다.
> - 커피처럼 제조가 필요한 음료와 가공 없이 판매할 수 있는 음료로 주문 창구를 이원화했다. 종전보다 훨씬 수월해졌고 대기시간도 짧아졌다.
>
> 결과)
> ① 익숙함은 편안함이다. 편안함에서 탈피하면서 무엇을 해야 할 때 귀찮다는 생각을 했던 예전의 습관이 개선되었다. 호기심이 생기면서 '어떻게 하면 될까'라는 대안을 마련하려는 시도가 생겼다. 좋은 습관이 하나 만들어져서 즐겁다.
> ② 당연하게 여겨졌던 것에 '왜(why)'라는 의문을 제기함으로써, 주변으로부터 다소 엉뚱하다는 얘기와 함께 기피하려는 경향을 보였으나, 시간을 두고 그렇게 생각한 이유를 설명하자 이해해 주는 사람들이 늘어나기 시작했다. 그 이후에는 동참하는 사람들이 늘었고, 근본적 문제해법에 접근할 수 있어 일 처리가 수월해졌다.
> ③ 커피숍의 접수창구 이원화 등 작지만 보람있는 업무 개선을 이끌어 내면서 자신감이 생겼고, 일상에 의문을 제기하는 방법이 '도돌이표 삶' 개선에 큰 도움이 될 수 있다는 것을 깨달았다.

잘못된 습관이 반복되고 익숙해지면서 몸에 체화되면 잘못된 습관이 올바른 것으로 둔갑하게 된다. 당연함과 편리함이 마음의 눈을 가리기에 잘못된 것을 바로 잡으려는 시도조차 하지 못한다. 반복되는 일상에 문제를 제기한다는 것은 매우 어려운 결정이지만 존중되어야 한다. 환경을 극복한다는 것은 분명 쉽지 않다. 그렇다고 환경만 탓하기에는 스스로 너무 나약해 보인다. 환경 극복은 노력과 병행해야 가능하며 그 결과는 충분히 부가가치가 있다. 아직 20~30대이므로 시간이 충분하다. 다만 내면의 자신과 보이지 않는 경쟁에서 밀리지 않을 때 승자의 기쁨을 만끽할 수 있다는 것을 유념해야 한다.

05 성격과 인성

성격은 한 마디로 정의하기가 쉽지 않다. 대체로 한 개인을 구분하여 표현할 때 잘 사용되는 영역이다. 최근 많은 사람에게 회자되고 있는 MBTI의 16가지 유형, 애니어그램의 9가지 성격 등 테스트를 통해 유형화하려는 시도가 많다. 특히, 취준생은 다양한 테스트를 통해 자신의 정확한 성격을 인지하고 성격 장단점을 유추하려는 시도가 많은 것도 사실이다. 만약 자가진단을 원한다면 무료 이용이 가능한 워크넷(work.go.kr)의 '직업심리검사'를 이용해 보는 것도 좋은 방법이다.

성격은 인성이 출발점이다. 자신을 휘감고 있는 환경을 어떻게 내면화할 것인지 노력 정도에 따라 변할 수 있는 것이 성격이다. '맹모삼천지교(孟母三遷之敎)'가 환경에 의해 성격과 행동이 바뀔 수 있다는 것을 잘 보여주고 있다. 성격이 형성되는 과정을 인성과 환경, 그리고 노력을 투입 요소로 한 방정식으로 표현하였다. 방정식을 기초로 하나씩 풀어보자.

$$성격 = 인성 + (환경 \times 노력^n)$$

인성은 2015년도에 제정된 '인성교육진흥법'에서 '자신의 내면을 바르고 건전하게 가꾸고 타인·공동체·자연과 더불어 살아가는 데 필요한 인간다운 성품과 역량'이라고 규정하고 있다. 핵심가치와 핵심덕목으로는 '예(禮), 효(孝), 정직, 책임, 존중, 배려, 소통, 협력' 등의 마음가짐이나 사람됨됨이와 관련되는 핵심적인 가치 또는 덕목으로 구성되어 있다. 아울러 인성에서 출발한 핵심역량은 핵심가치와 핵심덕목을 적극적이고 능동적으로 실천 또는 실행하는 데 필요한 지식과 공감·소통하는 의사소통 능력이나 갈등해결 능력 등이 통합된 능력으로 정의하고 있다.

국가에서 법제화한 것을 보더라도 인성이 얼마만큼 중요한지 가늠해 볼 수 있다. 인성교육진흥법의 체계는 인성이 역량의 근본임을 제시한다. 튼튼한 나무의 뿌리가 인성이라면, 그 뿌리를 통해 공급된 영양분과 물을 통해 역량이라는 풍성하고 튼실한 나무로 성장하게 되면서 맛있는 과일을 맺어 성과를 창출한다. 역량은 성과와 직결되는 중요한 연결고리이다. 인재활용 시대에 기업이 역량 탐색에 열을 올리는 이유이다.

시대가 바뀌어도 채용시장에서 변하지 않는 것이 하나 있다. 인성의 중요성이다. 사람 됨됨이는 어느 시대이건 필요조건이었으며, 능력은 충분조건이다. 2016년 세계경제포럼에서 선정된 미래의 인재상은 '가장 인간적인 인성을 갖춘 사람'이다. 4차 산업혁명 시대에는 '인성 중심 채용'이라고 하여도 과언이 아니다. 인성은 사람 됨됨이다.

인성은 책을 통해, 선생님의 가르침을 통해 학습할 수 있는 것이 아니다. 인성은 어떻게 형성될까? 올바른 습관이 좋은 인성으로 자리매김한다. 습관은 반복된 행동의 결과물이다. 무의식적이며 반사적으로 표출되는 행동이기에 더욱 중요하게 여겨진다. 인성은 외적인 아름다움을 추구하는 것이 아니다. 올바르게 행동하고 아름다운 마음을 갖는 내면의 모습이다. 페르소나(persona)처럼 뒤에 가려진 자신이 아니라 진정성 있는 모습이다.

인성을 만드는 좋은 습관은 어떻게 형성될까? 먼저 기존 습관이 무너지는 '해체단계'이다. 기존 습관이 허물어진 자리에 새로운 습관이 자리 잡기까지 가치관의 '혼돈단계'를 거쳐야 한다. 다음이 '정착단계'이다. 새로운 행동에 대한 가치관이 서서히 자리 잡게 된다. 정착된 행동이 반복되면 '습관단계'가 된다. 마하트마 간디도 믿음은 생각이 되고, 생각은 말이 되며, 말이 행동이 되어 궁극적으로 습관을 바꾼다고 하였다. 올바른 습관이 운명을 바꿀 수도 있다는 점을 강조하고 있다. 그 만큼 인성이 중요하다는 것을 새삼 느낄 수 있다.

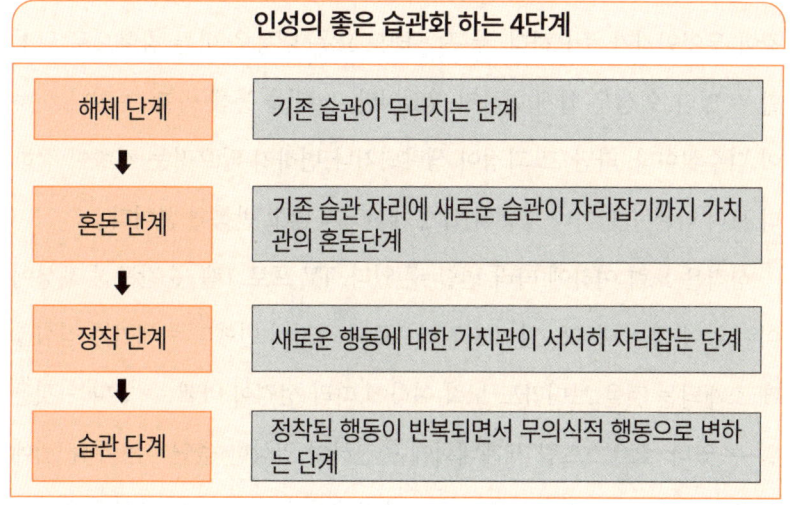

이어령 교수는 인간을 세 부류로 나눴다. 인성이 구분의 중심점이다. 가만히 앉아 머리로만 생각하는 '넙치형 인간', 잠시도 쉬지 않고 세계를 누비는 '참치형 인간', 놀라운 변화능력을 선보이는 '날치형 인간'이다. 각각 장단점이 있겠지만 21세기에 적합한 인재, 기업의 미래를 책임질 수 있는 인재 등 기업의 추구하는 인재상은 각기 다르다. 자신이 잘 맞는 유형은 어떤 것인지 인성과 성격 중심으로 구별해 보고, 지원 직무 또는 기업과 연계성이 높은 유형인지 홈페이지를 통해 살펴보자.

'사람은 고쳐 쓰는 것이 아니다'라는 말의 의미는?

'사람은 고쳐 쓰는 것이 아니다'라고 한다. 사람은 절대 바뀌지 않는다고 동조하는 편도 있지만, 사람은 배움과 경험에 의해 누구나 변할 수 있다는 반대론자도 있다. 진위여부를 가리자는 것이 아니다. 이 말이 생성된 배경이 무엇인지가 중요하다. 누구나 태도 또는 행동을 바른 방향으로 교정할 수 있다. 인성은 쉽게 변하지 않겠지만 '노력'을 통해 변할 수 있다는 것이 다수설이다. 다만 그 과정이 생략되거나 변하지 않으려는 경향이 강하다 보니 나쁜 습관이나 행동이 쉽게 개선되지 않고 반복될 뿐이다.

성격은 노력 여하에 따라 변할 수 있다. TV 프로그램 '순간포착 세상에 이런 일이'에는 새로운 일에 도전함으로써 성격이 변했다는 얘기가 심심찮게 소개되는 것을 보더라도 노력 여하에 따라 성격이 바뀔 수 있다는 것을 알 수 있다. 요요스트림 세계대회에 출전하여 입상한 출연자는 무대 위에서 요요를 돌리는 자신과 무대 밑에서 요요를 돌리지 않는 자신은 완전히 다른 사람이라고 규정하면서 '요요'를 통해 성격과 삶이 완전히 바뀌었다고 자신을 소개한다.

성격은 개선의 대상으로 노력만 곁들여진다면 사회가 원하는 인재로 충분히 탈바꿈할 수 있다. 기업도 변한다는 믿음으로 지원자의 최근 모습을 보려고 다양한 방법을 동원한다. 일부 지원자는 초등학교, 중학교 때 모습을 돋보이게 표현하려 애를 쓰는데 기업은 별로 관심이 없다. 그 때의 이미지가 지금까지 남아 있다는 보장도 없을 뿐더러 검증은 더욱 어렵다.

기업은 지원자의 과거에는 관심이 없다. 다만 과거가 현재의 모습에 영향을 줬다면 얕은 관심을 보일 수 있다. 결국 지원자는 가장 최근의 성격을 잘 보여줄 수 있는 소재를 발굴해야 한다. 심리학에서 바라보는 성격은 개인마다 갖고 있는 남과 구별되는 자기만의 행동 양식으로, 선천적인 요인과 후천적 환경, 노력에 의해 형성된다고 정의한다. 기업은 후천적으로 변화되어 성장하고 발전된 현재의 모습에 더 관심이 높다. 그 모습에서 기업의 미래 가능성을 점쳐 본다.

성격은 '성장 배경'을 통해서

기업의 질문 중에 '성장 배경' 또는 '성장 과정'은 약방의 감초처럼 늘 등장한다. 몇 년 전보다는 빈도수가 다소 낮아졌지만, 아직도 절반을 넘는 기업에서 목록에 담아둘 만큼 궁금증이 큰 것 또한 사실이다. 성격은 인성을 디딤돌로 환경과 노력 정도에 따라 새롭게 변한다. 환경과 노력은 다름을 이해하고 인정하는 것에서부터 협동과 사회적 서비스가 버무려져 형성된다. 어떻게 살아왔는지에 따라 형성된 성격이 전혀 다른 일상을 만들며 이타적 존재를 받을 때 '성품이 좋다'라고 표현한다.

기업은 지원자의 현재 모습에서 미래 가능성을 찾으려 눈과 귀를 기울인다. 진흙 속에서 진주를 찾는 심정으로 인재를 발굴하려고 최선을 다한다. 성격이 바뀌는 계기는 일순간 충격적 요법에 의할 수도 있지만, 가랑비에 옷 젖듯 서서히 스며드는 경우도 있다. 자아 정립에 영향을 끼친 요소로는 가정교육, 학교생활, 종교활동, 봉사활동 등 다양한 교육과 활동이 있다.

성장과정을 방정식에 대입해 보면 환경에 해당되는 부분은 '부모와 선생님 가치관, 종교, 봉사'가 될 수 있다. 노력은 '가르침을 어떻게 수용할 것인가, 종교활동과 봉사활동에서 무엇을 깨달았는가'등일 수 있다. 이런 과정이 성장 배경이나 성장 과정의 답변자료로 표현된다면 독자적이며 차별적 소재가 된다.

성격은 한 번의 충격에 의해 변할 수도 있다. 특별한 강의가 닫혀 있던 미지의 세계로 안내하거나, 한 권의 책이 깊은 깨달음을 줬거나, 한 편의 영화가 큰 울림을 줄 때 성격이 바뀔 수 있는 계기가 된다. 기업이 질문하는 '지원하게 된 계기'에 해당되는 소재거리이다. 자신만의 차별화된 스토리텔링이다.

사실 대학교 입학할 때까지 약 20여년이라는 시간은 학교와 학원, 집이라는 트라이앵글에 갇혀 있었기에 특별한 이벤트라는 것이 사막에서 바늘 찾기만큼이나 어려울 수 있다. 그래도 분명 자신의 자아를 조금이라도 일깨워 준 계기가 있었을 것이다. 현실로 이어지지는 않았지만 뭔가 해 보고 싶다는 도전정신을 일깨워 준 전환점이 있을 것이다. 그것이 기업이 찾는 성장과정이자 성장배경의 하나이다.

다양한 성격 분석 도구들

성격 분석은 의외로 다양한 분야에서 활용된다. 단순히 취업에만 적용되는 것은 아니다. 적성을 찾거나, 간단한 레크레이션에서도, 또는 적합한 일자리가 어떤 것인지 선택하기 위해서 사용되는 등 여러 방면으로 활용되고 있다.

최근에 이슈가 되고 있는 MBTI는 성격분석 기법으로 대표주자라 할 수 있다. 마이어스-브릭스의 유형지표(Myers-Briggs Type Indicator)라고 불리우는 MBTI는 성격을 16가지 유형으로 분류한다. 또 하나는 9가지 유형으로 구분되는 에니어그램이다. 이론적 뒷받침이 미약하여 정식적 활용도는 상대적으로 낮지만 혈액형으로 개인별 성격을 진단하기도 한다. 이러한 다양한 도구들이 사용되는 이유는 뭘까?

개인의 성격이 한 마디로 정의된다는 것이 그만큼 어렵다는 의미이다. MBTI는 에너지 방향이 어디로 향하고 있는지, 사람이나 사물을 어떻게 바라볼 것인지, 판단의 근거가 무엇인지, 선호하는 삶의 패턴은 어떠한지 네 가지 기준으로 이분법적 논리와 함께 16가지로 성격으로 나타난다. 즉, 외향적인지 내향적인지, 감각적인지 직관적인지, 원리와 원칙을 중시하는 사고 중심적인지 감정적인지, 분명한 것을 선호하는 판단지향적 성격인지 재량권을 선호하는 인식 중심적인지가 성격을 구분하는 척도이다.

일부 기업은 MBTI를 채용 절차에 포함하여 운용하는 경우도 있지만, 참고자료로 활용하는 것으로 알려져 있다. 사람의 됨됨이를 표현하는 성격 유추의 도구로서 충분한 검증이 되었다고 보기에는 어려움이 있다는 판단이다.

애니어그램도 마찬가지이다. 아직 애니어그램을 활용한다는 기업은 직접 경험하지도 못했지만 언론 보도에서도 확인하지 못했다. 에니어그램은 일상에서 에너지를 얻는 원천인 힘의 중심에서 비롯된다. 사고 중심적인지, 감정 중심적인지, 본능에 의존하는 지에 따라 크게 세 부류로 나뉘어지고 또 다시 세 가지 영역으로 구분된다. 허나 복잡다단한 성격을 진단하는 다양한 도구들이 있으나, 수많은 개인들의 성격을 규정하는 데에는 분명 한계가 있다.

어릴 적 프리즘 실험을 했던 기억이 있을 것이다. 빛을 통과하면 수많은 스펙트럼으로 나타나고 유사성을 기준으로 집단화하여 몇 개의 그룹으로 규정한다. 그룹의 양 끝단에 위치해 있다면 그 그룹이 대변하는 평균과는 괴리가 있다. 마찬가지로 성격테스트 방법론에 객관성을 부여하기에는 다소 아쉬움이 많은 것이 사실이다.

자신의 성격을 어느 한 곳에 얽매려 하지 말자. 오늘날의 자신을 만들어준 다양한 이벤트를 찾아 성격의 이력을 되짚어 보자. 분명 자신만의 줄기를 만들 수 있다. 이러한 노력이 경주될 때 다양한 스펙트럼과 같이 찬란하며 자신만의 빛을 낼 수 있다.

변덕스럽다는 말은 어떤 의미로 사용될까. 잘 알듯이 변하기 쉽다는 뜻이다. 신뢰가 가지 않는 태도나 성격이다. 회사에서는 기피 대상의 인재이다. 우유부단한 성격도 선호하지 않는다. 충동적인 성격도 환영받기 쉽지 않다. 시대에 따라 인재상이 변하듯 기업이 선호하는 성격도 조금씩 변해왔지만 공동체에서 원만하게 지낼 수 있는 무난한 성격이 우선이다.

06 역량과 국가직무능력표준(NCS)

역량은 21세기 평생직업시대에 기업들이 요구하는 자질 중 하나이다. 3차 산업혁명 시대에는 '지식'이 주요 평가기준이었다면, 지금은 경험을 바탕으로 한 역량 중심으로 전이되었다. 지식은 학력, 학점, 학교 순위 등이라면, 역량은 '뭐 해 봤는데'처럼 경험이 판단의 한 가운데에 있다. 패턴이 바뀌었다. 경험이나 경력의 중요성이 그 어느 때보다 높아졌다. 머리에 들어있는 지식보다 몸으로 체험하고 체득한 경험 또는 경력에 높은 점수를 준다.

짧은 학창기간에 희망 직무와 연관된 경험이나 경력을 쌓을 수 있는 시스템이나 기회가 많이 부족한 것이 사실이다. 이런 와중에 경험과 경력사항을 어떻게 대처할 수 있을까? 이러한 제약을 넘을 수 있는 방법은 무엇이 있을까? 소소한 경험이지만 큰 깨우침으로 미래 가능성의 마중물로 활용한다면 제약을 극복하는 해법이 될 수 있다.

다만 한 번의 경험이 모든 것을 대변할 수는 없다. 기회는 회피하지 말고 가능한 도전하자. 다양한 경험과 경력의 기회로 활용하여 일관된 메시지를 추출할 수 있도록 지속적인 노력으로 연계하자. 역량은 성과와 직결되는 중요한 요소이다. 역량은 머리로 하는 것이 아니라 경험과 경력으로 몸으로 체득하는 행위이다. 실패는 두려움이 아니라 깨우침의 대상이므로 두려워하지 말고 도전하자.

역량은 국가직무능력표준(National Competency Standards)에서 10가지로 모듈화 했다. 국가직무능력표준은 산업현장에서 직무를 수행하는 데 필요한 능력(지식, 기술, 태도)을 국가가 표준화한 것이다.* 국가가 정한 10가지 역량별 정의와 34개 하위영역은 아래의 <표>와 같다.

역량 개념과 역량 산출 방정식이 갖는 의미만 이해한다면 충분히 좋은 결과를 기대할 수 있다. 역량은 성격을 주춧돌 삼아 환경을 내 것으로 만드는 노력을 포함해 최선을 다한 경험의 결과물이다. 숨은 2인치를 찾는 것이 관건이다. 자신은 하찮다고 여길지 모르지만 타산지석처럼 빛나는 보석일 수 있다. 차근차근 훑어보면서 빛을 발할 수 있는 소재를 찾자. 자신의 경험을 반영해서 차별화된 스토리텔링을 만들어 보자.

10개 역량별 정의 및 하위영역

10개 영역	구 분	내 용
의사소통 능력	정 의	업무를 수행함에 있어 글과 말을 읽고 들음으로써 다른 사람이 뜻한 바를 파악하고, 자기가 뜻한 바를 글과 말을 통해 정확하게 쓰거나 말하는 능력이다.
	하위 영역	문서이해능력, 문서작성능력, 경청능력, 의사표현능력, 기초외국어능력
자원관리 능력	정 의	업무를 수행하는 데 시간, 자본, 재료 및 시설, 인적자원 등의 자원 가운데 무엇이 얼마나 필요한지를 확인하고, 이용 가능한 자원을 최대한 수집하여 실제 업무에 어떻게 활용할 것인지를 계획하고, 계획대로 업무 수행에 이를 할당하는 능력이다.
	하위 영역	시간관리능력, 예산관리능력, 물적자원관리능력, 인적자원관리능력
문제해결 능력	정 의	업무를 수행함에 있어 문제 상황이 발생하였을 경우, 창조적이고 논리적인 사고를 통하여 이를 올바르게 인식하게 적절히 해결하는 능력이다.
	하위 영역	사고력, 문제처리능력

* 국가직무능력표준(2023). https://www.ncs.go.kr/th01/TH-102-001-01.scdo

정보능력	정 의	업무와 관련된 정보를 수집하고, 이를 분석하여 의미있는 정보를 찾아내며, 의미있는 정보를 업무수행에 적절하도록 조직하고, 조직된 정보를 관리하며, 업무 수행에 이러한 정보를 활용하고 이러한 제 과정에 컴퓨터를 사용하는 능력이다.
	하위 영역	컴퓨터 활용능력, 정보처리능력
조직이해 능력	정 의	업무를 원활하게 수행하기 위해 국제적인 추세를 포함하여 조직의 체제와 경영에 대해 이해하는 능력이다.
	하위 영역	국제감각, 조직체제 이해능력, 경영이해능력, 업무이해능력
수리능력	정 의	업무를 수행함에 있어 사칙연산, 통계, 확률의 의미를 정확하게 이해하고, 이를 업무에 적용하는 능력이다.
	하위 영역	기초연산능력, 기초통계능력, 도표분석능력, 도표작성능력
자기개발 능력	정 의	업무를 추진하는데 스스로를 관리하고 개발하는 능력이다.
	하위 영역	자아인식능력, 자기관리능력, 경력개발능력
대인관계 능력	정 의	업무를 수행함에 있어 접촉하게 되는 사람들과 문제를 일으키지 않고 원만하게 지내는 능력이다.
	하위 영역	팀웍능력, 리더십능력, 갈등관리능력, 협상능력, 고객서비스능력
기술능력	정 의	업무를 수행함에 있어 도구, 장치 등을 포함하여 필요한 기술에는 어떠한 것들이 있는지 이해하고, 실제로 업무를 수행함에 있어 적절한 기술을 선택하여 적용하는 능력이다.
	하위 영역	기술이해능력, 기술선택능력, 기술적용능력
직업윤리	정 의	업무를 수행함에 있어 원만한 직업생활을 위해 필요한 태도, 매너, 올바른 직업관이다.
	하위 영역	근로윤리, 공동체윤리

* 자료 : 국가직무능력표준 홈페이지(2023).

국가가 정한 10가지 역량은 직무기술서를 이해하는 데 도움이 될 뿐 아니라 지원자의 부족한 것을 파악하는 데 좋은 길라잡이이다. 다만 현장에서 발생하는 하나 하나의 행동과 표현에는 상위 개념의 10개 보다 하위 34가지 능력이 더 많이 사용된다. 얼핏 10개 영역과 하위 34개 능력이 일대일로 연결되는 것 처럼 보이지만, 상황에 따라 하위능력이 여러 개 상위 역량과 연결될 수도 있다. 더군다나 기업의 질문 대부분이 하위 능력 중심으로 진행된다는 점에서 한층 더 집중해서 이해하고 파악해야 할 부분이다.

시대변화와 역량 & 인성 트렌드

시간의 흐름이 켜켜이 쌓이면 시대가 된다. 시대는 수많은 변화의 시간이라는 단층으로 구성되었다. 역량과 인성이 기술의 발전과 문명의 진화에 따라 변해 왔다. 시대 변화는 거듭되는 산업혁명으로 크게 세 그룹으로 나눌 수 있다. 첫째, '예측 가능'이다. 1차 산업혁명 시대이다. 인성의 으뜸은 '근면'이다. 농업은 전적으로 개인의 힘(power)에 의존했다. 농경적 근면함이 농작물의 작황과 연결되던 시절이다. '농작물은 농부의 발소리를 듣고 자란다'라는 말이 진리였던 시절이었다.

둘째, '예측 난해'이다. 대량생산과 정보화로 이어지면서 생산수단이 '힘(power)'에서 '지식(knowledge)'으로 전이되었고, 새로움에 대한 도전정신이 그 어느 때보다 크게 요구되었던 시기였다. 2차, 3차 산업혁명이 활발히 활동하던 시기였으며 인적자원 수요가 공급을 초과하면서 '인재 확보'가 우선 과제였다. 인재 중용의 문으로 정기채용이 탄생되었다.

셋째, '불확실성 확산'이다. 4차 산업혁명이 갖고 온 결과물이다. ICT 발전에 따라 예측이 불가능한 상황으로 치닫고 있을 뿐 아니라 도처에 산적해 있는 걸림돌을 디딤돌로 변환시킬 문제해결형 인재가 각광을 받고 있다. 지금은 인적자원 공급이 수요를 초과하면서 '인재 확보'가 아닌 '인재 활용'이 대세이다. 인재 활용은 기업주도의 인재 육성을 자기주도로 전이시켰고 수시채용으로 채용제도의 변화로 이어졌다. 21세기에 요구되는 역량 중 하나는 힘도 지식도 아닌 '지혜(wisdom)'이다. 지식에 경험을 덧된 지혜가 문제해결의 핵심수단으로 등장했다. 이 내용을 정리하면 아래 <표>와 같다.

시대변화와 역량과 인성트렌드				
구 분	산업혁명	핵심 키워드	인성/역량	기 타
예측 가능	제1차	힘(power)	근면	
예측 난해	제2차, 제3차	지식(knowledge)	도전정신	인재 확보, 기업주도
불확실성 확산	제4차	지혜(wisdom)	문제해결	인재 활용, 자기주도

스스로 자가진단을 해 보자. 어느 산업혁명 시대에 머물고 있는 지 말이다. 사회는 냉철하다. 특히 급변하는 21세기는 준비된 자만이 생존할 수 있다. 다행스러운 것은 여러 사람이 한 방향으로 뛰지 않아도 된다는 것이다. 3차 산업혁명 시대까지는 'Best One'을 원했다면, 4차 산업혁명 시대에는 'Only One'이 더 주효하다.

처음 4차 산업혁명이 거론될 때만 해도 인공지능과 로봇이 인간의 일자리를 대체하면서 상당수 일자리를 잃을 것이라고 예측했다. 결과는 다르다. 인공지능과 로봇을 만드는 새로운 일자리가 창출되었고, '창직(創職)'이라는 새로운 개념이 도입되는 등 디지털과 ICT에 부합하는 일거리 또는 일자리가 생성되고 있다. 동질성은 이질성으로 파생되면서 이질적 융복합으로 재탄생하고, 획일성은 다양성으로 진화하면서 스타트업을 부추기고 있다. 이런 현상은 우리에게 희망을 준다. 환경만 탓하면서 손 놓고 있기에는 무기력해 보인다. 비록 할 수 있는 것이 많지 않더라도 스스로 노력한다면 또 다른 출구전략을 만들 수 있다는 점을 명심하자.

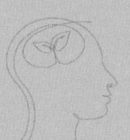

4차 산업혁명 시대의
기업은 어떤 인재를 원하는가?

PART 3
4차 산업혁명과 자기다움

Chapter 1 질문에서 스토리를 찾다!
Chapter 2 숨은 2인치를 찾아서!
Chapter 3 채용 준비의 4대 공약수를 찾아서!

PART 3
4차 산업혁명과 자기다움

Chapter 1

질문에서 스토리를 찾다!

01 질문을 분해하라!

엉뚱한 답변을 할 때 '동문서답(東問西答)'이라 한다. '동쪽이 어디냐고 물어 보는데 서쪽을 가리킨다'는 뜻으로, 질문의 의도와는 무관한 엉뚱한 답을 한다는 의미이다. 이런 상황을 맞딱뜨리면 물어보는 사람도 대답을 하는 이도 당황스럽다. 채용 과정에서 유사한 상황이 발생한다면 어떻게 될까? 채용담당자도 지원자도 모두 곤란해질 것이 자명하다. 그렇다면 어떻게 해야 할까? 제시된 질문을 이해하기 쉽게 최대한 쪼개면 된다. 바위가 자갈이 되고 자갈이 흙이 되듯 말이다. 질문에는 기업이 궁금하거나 확인해 보고 싶은 내용이 담겨 있다. 지원자에게 혼란을 야기하거나 곤란함을 느끼도록 질문하지는 않는다. 의미가 없는 질문은 없다.

몸이 불편하면 병원을 찾는다. 의사는 환자의 말을 경청한다. 의사는 듣는 도중에 확인하고 싶은 것이 있으면 환자가 이해하기 쉽도록 질문을 하면서 궁금증을 해소한다. 불편하거나 아픈 원인을 도출하기 위한 진단 과정이다. 진단이 완료되면 처방을 하고 처방이 끝나면 약을 제조하거나 시술, 수술과 같은 전문적 의료과정이 수반된다.

정확한 병의 원인은 '진단'을 통해 밝혀진다. 채용 과정의 질문도 마찬가지이다. 질문 의도가 명확하게 이해될 때 가장 적합한 스토리 전개가 가능하다. 질문 안에 질문이 있지만 어떤 것은 대등한 위치에서, 또 어떤 것은 종속적 관계로 묶여져 있다. 지금부터 기업의 궁금증을 해소시킬 수 있는 질문 인수분해 원칙을 알아보고 실제 사례를 통해 분해 방법을 익혀 보자.

02 질문 분해 '4대 기본원칙'

인수분해는 최대한 쪼갤 수 있을 때까지 세분화하는 과정이다. 질문을 인수분해하기에 앞서 현실적 상황은 어떠한지 짚어보자. 자기소개서 질문은 일반적으로 4~5개이지만, 적게는 2개에서부터 많을 때에는 7개 정도로 구성된다. 질문이 질문을 내포하고 있는 경우가 다수여서 실질적 답변은 외형적 문항 수에 2~3개 더 있다고 보는 것이 타당하다.

다음은 질문 의도에 대한 지원자의 이해 정도이다. 일반적으로 질문을 정확하게 이해하는 수준은 아니라는 것이 채용 관계자들의 공통된 의견이다. 질문 의도가 이해되지 않으면 발생하는 문제점이 몇 가지 있다. 첫째, 질문과 반대 방향으로 스토리가 전개된다. 둘째, 임기응변식 답변은 검증할 수 없는 수준의 두루뭉술한 표현이 대부분이다. 셋째, 평이하고 구체성이 결여되어 상호 비교하기가 쉽지 않다. 조금 더 질문을 세심하게 분석한다면 충분히 적합한 소재를 찾아 대응할 수 있는데 말이다.

질문을 인수분해하기 위한 '4대 기본원칙'이 있다. 첫째, '접속조사' 중심으로 문장을 분리한다. '~와, ~과, 하고, (이)나, (이)랑'와 같은 표현이 있는 문장을 접속조사를 중심으로 나눠 별도 문장으로 구성한다. 접속조사는 둘 이상의 단어나 문장이 같은 자격 또는 종속적으로 이어 주는 역할이므로 접속조사 중심으로 앞 뒤 문장을 분리하면 된다.

둘째, 문장의 '주제'가 무엇인가? 분해한 문장에서 주제가 무엇인지 찾아야 한다. 주제가 질문의 핵심이다. 주제를 찾았다면 자기소개서 절반은 성공한 것이다. 주제로 마무리되는 질문은 포괄적으로 접근하되 차별점에 방점을 찍기 위해 하나 또는 두 개의 경험을 구체적으로 표현하는 것이 바람직하다.

셋째, 주제를 제한하는 '종속 단어'의 의미를 탐색한다. 주어가 '경험'이지만 '가장 최근' 또는 '가장 힘들었던'것 처럼 주제를 제한하는 내용이 꼬리표로 매달려 있는 경우가 상당하다. 제한한다는 것은 한정적이라는 것으로 집중적이고 깊이 있는 답변이 듣고 싶다는 의미이다. 이 부분이 명확해야 가장 적합한 '소재'를 발굴할 수 있다. '가장 최근'이라는 수식어가 있었음에도 불구하고, 몇 년 전 이야기라면 최근에는 질문과 관련된 특별한 이벤트가 없다는 것이나 다름없다. 기업은 가장 최근의 지원자 모습을 알고 싶어한다는 점을 잊어서는 안 된다.

넷째, '연결고리'이다. 세 번째 원칙까지 거치면 질문은 외형적으로는 분해가 완료되었다. 외형적으로 보이는 질문 이외에 기업이 정말로 알고 싶은 것이 무엇인지가 또 넘어야 할 산이다. 아래의 <표>는 '4대 기본원칙'에 따라 분해하는 것을 보여주고 있다.

4대 기본원칙에 의한 질문 분해

[질문]
인생에서 가장 즐겁게 몰입해서 성과를 낸 경험과 가장 힘들었던 경험 및 이를 극복해 나간 과정에 대해 기술해 주세요.

[기본원칙 1] 접속조사(과, 및) 앞 뒤로 나누어라.
① 인생에서 가장 즐겁게 몰입해서 성과를 낸 경험
② 가장 힘들었던 경험
③ 이를 극복해 나간 과정

[기본원칙 2] 주제어(진한 글씨, 이탤릭체)를 찾아라.
① 인생에서 가장 즐겁게 몰입해서 성과를 낸 ***경험***
② 가장 힘들었던 ***경험***
③ 이를 극복해 나간 ***과정***

[기본원칙 3] 종속 단어(진한 글씨, 이탤릭체)를 찾아라.
① 인생에서 ***가장 즐겁게 몰입해서 성과를 낸*** 경험
② ***가장 힘들었던*** 경험
③ 이를 ***극복해 나간*** 과정

'가장 즐겁게 몰입했던 경험'은 지원자가 가장 좋아하는 것이 무엇인지를 파악하려는 의도이다. 여기에서 유념해야 할 것은 전체 질문 사이에 연결되어 있는 고리를 찾아야 한다. 질문의 크기를 보면 '내림차순' 또는 '올림차순'식으로 하나의 흐름이 있다. 어떤 경우에는 과거(성장배경, 경험/경력), 현재(지원동기, 성격 장·단점), 미래(입사 후 포부)와 같이 시간 순일 때도 있다.

어쨌든 흐름을 찾는 것이 연결고리를 분석하는 데 도움이 된다. 연결고리가 흐트러지면 신뢰도가 낮아질 뿐 아니라 진정성까지 위협 받을 수 있다. 지원 직무가 '경영부문'인데 가장 즐겁게 몰입했던 경험이 '컴퓨터 게임'이라면 적합성을 어떻게 판단해야 할지 의심 섞인 눈길로 다시 한번 보게 될 것이다. 자기소개서 전체 흐름 맥락을 파악해야 한다.

03 사례로 알아 보는 질문 분해 방법

인수분해 '4대 기본원칙'은 자신의 스토리를 최적화할 수 있는 방법이다. 기업이 무엇을 궁금해 하는 지 명확히 이해하고 스토리를 적합하게 풀어 가면 된다. 최근 자기소개서는 양극화 현상이 뚜렷해지는 경향을 보인다. 질문이 아예 없거나, '지원동기' 또는 '입사 후 미래 계획'처럼 알고 싶은 부분을 '개괄식' 형태의 직설적 질문을 던지는 기업들도 있다. 반대로 질문에 질문을 엮는 형태의 '복합형'도 아직은 많아 보인다. 어떻게 하면 질문을 최대한 세밀하게 분해할 수 있는지 몇몇 기업의 질문지를 통해 알아보자.

앞의 질문은 하나이지만 크게 세 가지 유형으로 분류된다. 지원자의 성격을 잘 보여줄 수 있는 가장 즐겁게 몰입해서 성공한 경험이 첫 번째 질문이다. 두 번째는 가장 힘들었던 경험으로 지원자의 성격과 가치관이 잘 드러날 수 있는 항목이다. '힘든 기준'이 제시되면 지원자 가치관이 적극적인지, 그렇지 않은지 등을 짐작할 수 있고 어느 정도까지 감내할 수 있는지에 따라 조직 내 구성원들과 협업이 가능한지 등을 가늠해 볼 수 있다. 마지막으로 힘들었던 난관을 극복한 과정에 대한 질문으로 문제해결 능력과 대인관계 능력, 조금 더 깊이 파악한다면 리더십과 의사소통 능력까지 유추해 볼 수 있다. 이처럼 질문은 하나이지만 기업의 궁금증을 상당히 담고 있기에 보이는 것에 집착해 스토리를 전개한다면 차별화에 실패할 확률이 높아진다.

질문 인수분해 사례

[질문]

본인이 진행했던 프로젝트 중 기존의 방식을 따르지 않고 새로운 기법이나 아이디어를 제안하여 적용해 본 경험이 있습니까? 다양한 시도를 해 본 이유는 무엇이며, 이런 시도를 하기 위해 본인이 스스로 노력한 점은 무엇이었는지 구체적으로 시도방법과 노력과정에 대해 작성해 보세요.

[기본원칙 1] 접속조사 앞 뒤로 나누어라.

① 본인이 진행했던 프로젝트 중 기존의 방식을 따르지 않고 새로운 기법이나 아이디어를 제안하여 적용해 본 경험이 있습니까?

② 다양한 시도를 해 본 이유는 무엇입니까?
③ 이런 시도를 하기 위해 본인이 스스로 노력한 점은 무엇이었습니까?
④ 구체적으로 시도방법과 노력과정에 대해 작성해 보세요.

[기본원칙 2] 주제어(진한 글씨, 이탤릭체)를 찾아라.
① 본인이 진행했던 프로젝트 중 기존의 방식을 따르지 않고 새로운 기법이나 아이디어를 제안하여 적용해 본 **경험**이 있습니까?
② 다양한 시도를 해 본 *이유*는 무엇입니까?
③ 이런 시도를 하기 위해 본인이 스스로 **노력한 점**은 무엇이었습니까?
④ 구체적으로 *시도방법*과 *노력과정*에 대해 작성해 보세요.

[기본원칙 3] 종속단어(진한 글씨, 이탤릭체)를 찾아라.
① 본인이 진행했던 프로젝트 중 *기존의 방식을 따르지 않고 새로운 기법이나 아이디어*를 제안하여 적용해 본 경험이 있습니까?
② **다양한 시도**를 해 본 이유는 무엇입니까?
③ 이런 시도를 하기 위해 **본인이 스스로** 노력한 점은 무엇이었습니까?
④ **구체적**으로 시도방법과 노력과정에 대해 작성해 보세요.

위 <표>의 질문도 크게 네 가지 성격을 띈다. 무엇을 알고 싶은 것인지는 질문에서 명확하게 나타난다. 첫 번째 질문은 창의성에 관한 것으로 '기존의 방식을 따르지 않아야 한다'는 단서 조항이 있다. 게다가 성공 여부는 중요한 평가 잣대가 아니다. 이미 있는 방법이나 기술을 조금 변형시킨 것이 아니라 독창적이며 번뜩이는 기법이나 아이디어가 있는지를 알고 싶어

한다. 스타트업이나 IT 기술과 같이 시장을 선도하는 기술집약적 기업이나 직무에서 등장하는 질문 유형이다. 성격적으로 호기심이 많은지, 도전하는 것을 두려워하지 않는지 등을 파악해 보려는 것이다.

두 번째 질문은 성격을 재차 확인하려는 시도이다. 성공 여부보다 엉뚱한 발상의 이유를 성격적으로 진단해 보려 한다. 이런 성격이 형성되기까지 자기주도적으로 실천했던 내용을 '시도 방법'과 '노력 과정'으로 구분하여 구체적으로 요구한다. 다른 항목도 중요하겠지만 기업에서 가장 비중 있게 다루는 항목일 수 있다는 점에서 신중하게 접근해야 한다.

질문을 최소 단위로 분해한다는 것은 질문 의도를 정확히 파악할 뿐 아니라 전체 질문의 맥락을 분석하는 데에도 유효하다. 막무가내식으로 자기소개서나 면접에 임한다면 성공 확률은 낮다. 승산있는 게임을 해야 한다. '상대를 알고 나를 알면, 백번을 싸워도 백번 모두 이긴다(知彼知己 百戰百勝)'라고 했듯이 질문 인수분해는 시간이 다소 걸리더라도 반드시 걸쳐야 할 작업이다. '4대 기본원칙'만 잘 준수한다면 기업의 질문에 한숨부터 나올 일은 없을 것이다.

04 질문 의도가 역량일까? 인성일까?

채용 과정에서 검증하려고 하는 것은 지식(knowledge), 기술(skill), 태도(attitude)로 인성의 개별적 요소와 총체적 합산물인 역량이다. 질문을 인수분해하는 이유도 역량과 인성을 가능한 구분하고 적합한 스토리를 쉽게 추출하려는 것이 목적이다. 인성은 개별적으로도 충분히 자신을 돋보이게 할 수도 있지만 역량을 보조하면서 총체적 입체적으로도 활용 가능하다. 그런 의미에서 역량과 인성은 '따로 또 함께'이다. 떼어 놓고 바라볼 수도 있지만 합체된 상태에서도 판단할 수 있다는 의미이다. 질문 유형에 따라 적절히 대응해야 한다.

채용은 역량과 인성을 구분해서 검증하는 절차가 아니다. 역량은 성과 창출의 원동력이지만 다른 구성원과 원만하게 지내는 것은 인성이므로 채용과정별로 통합하거나 분산해서 확인한다. 예전과 달라진 것은 평생직장 개념이 무너지면서 스펙 자리에 직무 중심의 경험 또는 경력이 대신한다는 점이다. 그 일환으로 2018년도 하반기부터 시행되고 있는 것 '국가직무능력표준(national competency standard)'이 그 증표이다.

종합해 보면 채용은 역량과 인성 모두를 검증하고 확인하는 절차이다. 이력서는 역량 중심, 자기소개서는 역량과 인성 모두 검증한다. 1차 면접은 역량 중심, 2차 면접은 인성 중심처럼 한 쪽에 더 많은 비중을 둘 수도 있다. 자세한 내용은 '채용절차와 중점점검 항목'(p. 92)을 참조하면 된다.

05 자기소개서 공통 질문 분해

한 가지 유념할 점은 '국가직무능력표준'은 직무 중심이다. 10개의 능력 중심으로 34개의 하위 능력이 열거되어 있다. 반드시 일대일 개념은 아니다. 가장 적합한 상위 역량에 하위능력으로 열거한 것이다. 리더십은 대인관계 능력에 국한해서 적용되는 것은 아니라는 말이다. 취업 준비생들이 혼란스러운 부분이 여기이다. 어떤 질문은 역량이라는 표현을 사용하므로 어려움이 없다. 리더십처럼 하위 능력으로 질문하면 당황한다.

'대인관계 능력'을 보자. 대인관계 능력은 업무를 수행함에 있어 접촉하게 되는 사람들과 문제를 일으키지 않고 원만하게 지내는 능력으로 정의한다. 하위영역으로 '팀웍, 리더십, 갈등관리, 협상, 고객서비스 능력'이 있다. 기업의 질문은 반대이다. '리더십'으로 목표를 달성한 사례라던가, 협업을 이뤘던 경험, 갈등이 발생했을 때 해결한 과정 등에 대한 질문이다. 역량 중심으로 물어보면 명확하게 이해할 수 있겠지만, 하위영역으로 질문을 하면 어떻게 대응해야 할지 우왕좌왕한다. 리더십은 역량일까 인성일까? 어떻게 스토리를 전개하는 것이 적합할까? 속 시원하게 답을 주는 곳도 없다. 자기만의 이야기를 구체적이며 명확하게 기술하라고 메아리 되어 돌아오는 것이 현실이다.

리더십은 대인관계 능력의 하위능력이다. 리더십은 인성에 기초한다. 리더십의 기본원칙은 전문적 지식을 갖춘 리더가 구체적이며 명확하게 설명(30%)하고, 구성원의 의견을 경청(60%)하며, 구성원의 역량을 믿고 기다림(10%)의 시간으로 설명된다. 리더가 구체적으로 설명한다는 것은 명확한 의사표현과 이타적 설득을 위한 의사소통 능력이 요구된다. 스티브 잡스는 프리젠테이션할 때 초등학교 6학년 학생이 듣고 이해할 수 있는 수준의 단어와 맥락을 사용해야 한다고 주장한다. 그 만큼 말하기가 쉬운 것이 아니다. 말하는 것도 기술(skill)이다. 연습이 필요한 영역이다.

경청은 배려와 존중이 뒷받침될 때 가능하다. 배려와 존중은 인성이다.

이타적 의견의 '다름'을 이해하고 받아들일 수 있는 수용성과 유연성이 있어야 한다. 수직적보다 수평적 관점에서 이타적 의견에 귀 기울일 때 존경심이 생긴다. 단순하게 접근할 일이 아니다. 어떻게 보면 짧은 시간에 인생을 건 한판 진검승부와 같다. 진지해야 한다. 할 수 있는 데까지 최대한 노력을 경주해야 한다. 이런 내용이 잘 반영되어야 적합한 스토리를 전개할 수 있다. 자기소개서에서 자주 요구되는 하위능력 중 리더십을 분해해 보자.

리더십이 분해되면 <표>와 같이 네 가지 역량으로 구분된다.

리더십 인수분해

◉ 역량
- **대인관계)** 접촉하는 사람들과 문제를 일으키지 않고 원만하게 지내는 능력
- **의사소통)** 다른 사람의 말과 뜻을 파악하고, 자신의 뜻한 바를 말과 글로 정확하게 전달하는 능력
- **조직이해)** 국제적 추세 포함하여 조직 체제와 경영에 대해 이해하는 능력
- **문제해결)** 문제상황 발생한 경우, 창조적이고 논리적 사고를 통해 이를 올바르게 인식하고 적절히 해결하는 능력

◉ 인성 : 배려, 존중, 책임, 절제, 용기, 지혜 등

그러나 위 표에서 나타나는 네 가지 역량이 동시다발적으로 발생하는 것은 아니다. 상황에 따라 일어날 수도 있고 발생하지 않을 수도 있다. 구성원과 함께 간단한 미션을 수행하는 경우에는 대인관계능력에 배려와 존중 정도만 있어도 가능하다. 아무도 가보지 않은 길을 가야 할 때, 그것도 제한

된 자원으로 예상되는 문제 상황을 극복하면서 목표 달성을 해야 한다면 네 가지가 동시에 요구될 수도 있다. 이처럼 역량과 하위능력을 단순히 일 대일 매치로 바라보지 말아야 한다. 상황에 따라 적절히 활용하되 질문 의도를 명확히 인지하는 것이 우선이다.

06 인재상을 분해하라!

인재상은 채용에서 대들보와 같다. 인재상은 채용의 중요한 한 축으로서 소중하게 다뤄야 한다. 자칫 소홀하면 배가 엉뚱한 곳으로 갈 수 있다. 채용 현장에서는 이런 경우를 자주 목격한다. 자기소개서 피드백 또는 면접장에서 느끼는 아쉬움으로 지원자가 인재상에 대해 더 치열하게 고민했으면 좋겠다는 것이다. 기업에 대한 최소한의 예의이다.

인재상은 기업 경영철학이 고스란히 녹여져 있다. 경영철학이 다르기에 기업마다 인재상도 차이난다. 사람마다 생각이 다르듯, 기업마다 추구하는 인재상도 차이가 있음을 알 수 있다. 인재상은 역량에 더 비중을 두는 경우가 있는가 하면, 인성에 방점을 두기도 한다. 질문의 요지가 무엇인지 세분화한 다음, 인재상이 요구하는 방향까지 파악하고 자신의 스토리를 전개해야 한다. 불과 5년 전만 하더라도 인재상은 '창의적인 인재', '도전하는 인재' 등 명확하고 이해하기 쉬웠으나 최근에는 다양한 의미를 함축성 있게 표현하고 있다.

'제품 완성도를 위해 다양한 사람과 끊임없이 소통하고 경계를 넘어 협력하는 인재'는 정확하게 어떤 인재상일까? 핵심 키워드는 '협력하는 인재'이다. 협력하는 인재이기는 하지만 요구조건이 몇 가지 있다. 하나는 '다양한 사람과 끊임없이 소통'이고 또 하나는 '경계를 넘어'라는 것이다. 마지막으로 가장 큰 조건은 '제품 완성도'이다. 제품 완성도라는 공통 목표를 향해 유연성 있게 이타적 의견을 경청하고 수용할 줄 알아야 한다. 또 하나는 공동 목표를 위해 자기 영역이 아니더라도 폭 넓게 알아 둘 만큼 제너럴리스트여야 함을 내포하고 있다. 단순히 '협력하는 인재'로 이해하면 안 된다는 것을 보여주는 좋은 사례이다.

제품 완성도를 위해 ① 다양한 사람과 끊임없이 소통하고 ② 경계를 넘어 협력하는 인재		
제품 완성도를 위해	① 다양한 사람과 끊임없이 소통하며	협력하는 인재
	② 경계를 넘어	

국내 시중은행 인재상이 또 하나의 좋은 사례이다. '따뜻한 가슴을 지닌 창의적인 열정가'가 인재상이다. '열정가'가 가장 눈에 띈다. 열정가를 수식하는 단어 중 하나가 '창의적인'이다. 즉, 단순히 열정만 있으면 되는 것이 아니라, '창의적인 열정가'여야 한다.

일만 시간의 법칙이 '양적'에서 '질적'으로 진화했듯이 일만 시간만 충족하면 달인이 되는 것이 아니라, '올바른 방법'으로 일만 시간을 달성해야 한다는 의미와 같은 맥락이다.

여기에 또 하나의 조건은 '따뜻한 가슴을 지닌'이라는 인성 부분이다. 이렇게 세 가지 맥락으로 구성된 인재상을 해당은행 홈페이지를 참조하여 분해하면 다음과 같다.

> **인재상)** ① **따뜻한 가슴을 지닌** ② **창의적인** ③ **열정가**
>
> **따뜻한 가슴)** 고객과 사회의 따뜻한 미래를 생각하며 정직과 신뢰로 언제나 바르게 행동하는 사람
>
> **창의적인)** 자신의 꿈을 위해 유연하고 열린 사고로 남들과는 다르게 시도하는 사람
>
> **열정가)** 실패를 두려워하지 않는 열정으로 도전적 목표를 향해 누구보다 빠르게 실행하는 사람

종합해 보면 인재상은 미션, 비전, 경영철학이 모두 하나로 집대성된 것이다. '열정가'도 그냥 외형적으로만 봐서는 안 된다. 실패가 두려움의 대상이 되어서는 안 된다. 목표에 도전하되 한 발자국 이상 빠르게 실행해야 한다는 조건이 있다. 이런 내용을 충분히 인지해야 자신의 스토리를 적합하게 표현할 수 있고 잘 전달할 수 있다. 세상이 복잡해진 만큼 인재상도 단순한 복합성을 넘어 융복합 개념으로 진화하고 있다. 다소 힘들더라도 인재상을 반드시 분해해 보고 기업이 원하는 구체적 개념이 무엇인지 찾아내야만 한다.

Chapter 2

숨은 2인치를 찾아서!

채용이 어떻게 변화하고 있는 지에서부터 '노마드형(nomade) 인재'까지 알아봤다. 노마드형 인재가 될 수 있는 방법이 무엇인지 탐색했고 기업이 알고 싶은 것과 역량이 축적되는 과정을 방정식을 통해 이해했다. 그것을 바탕으로 지금부터는 내가 누구인지를 알아 가는 과정이다. 내가 나를 모르면 타인이 어떻게 나를 이해할 수 있겠는가. 내 자신에 대해 더 많이 알수록 취업 준비는 수월해진다.

01 SWOT 분석과 자아챙김

내부환경 분석 결과 = 지원자 강·약점

SWOT 분석(SWOT analysis)은 주로 기업의 내부환경을 분석하여 강점(Strength)과 약점(Weakness)을 도출하고, 외부환경으로부터 기회

(Opportunities)와 위협(Threats)이 무엇인지를 파악하는 데 사용하는 도구이다. 기업 대신 '나'를 대입해서 나의 강점과 약점은 무엇인지를 파악해서 강점은 승화시키고 약점은 보완책을 마련하고 실천의 동력으로 삼는다. '지원자의 강약점'에 대한 질문은 거의 빠지지 않고 등장한다. '강점을 활용하여 성공한 사례', '약점은 무엇이며 보완한 방법은 무엇인지'에 대한 질문 등 약방에 감초처럼 대부분 기업에서 관심을 갖는다.

특히, 기업은 단점에 대한 관심도가 더 높다. 어설프게 분석하면 면접에서 곤경에 빠질 수 있으므로 SWOT 분석을 활용하여 철저하게 알아봐야 한다. '지원자의 장단점'에 대한 분석과 대응 요령은 Part 2의 Chapter 3 '기업은 이것이 알고 싶다'를 참조하면 된다.

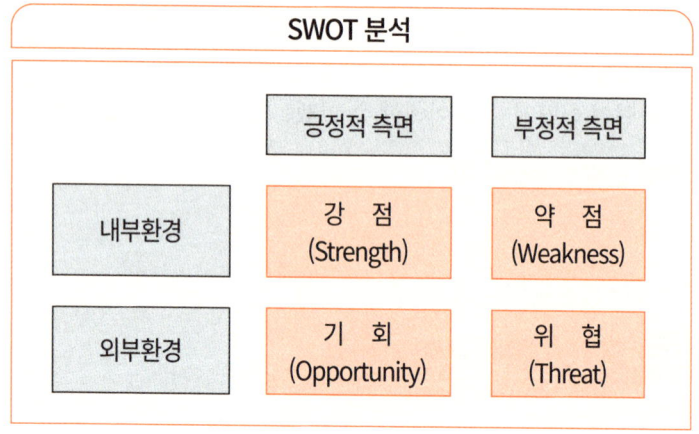

수용성 확장으로 '기회' 최대한 활용

기회는 강점과 연결될 때 더 좋은 경우의 수가 될 확률이 높아진다. 마라톤으로 비유되는 삶의 과정이지만 기회는 자주 찾아오지 않는다. 찾아온 기회는 최대한 내 것으로 전환해야 한다. 재학 중에 희망 직무와 연관된 인턴 기회가 온다면 어떻게 할 것인가? 지원 희망 기업이 인턴 경험을 중요하게 평가한다면 휴학을 고려해 볼 수 있을 것이다.

아직은 국내 인턴제도가 활성화 되어 있지 않아 기회를 찾기가 쉽지 않다. 다만 한국 노동시장이 선진국을 닮아가고 있어 수시채용의 대세론과 채용 중요성이 그 어느 때보다 부각되고 있는 점 등을 고려할 때 앞으로는 인턴제도가 더 활성화될 것이라는 예측은 가능하다.

인턴제도의 유효성이 검증되면 인턴제도가 면접을 대신할 수도 있다. 인턴으로 일정기간 함께 일하면서 다양한 검증 절차를 통해 적합도를 판단하는 것이다. 일부 스타트업에서는 며칠 동안 함께 일하면서 역량과 인성 정도를 확인하고 있다. 공공기관을 중심으로 '체험형 인턴', '채용형 인턴'으로 구분해서 매년 실시하고 있으며 느리지만 민간기업으로 확산되고 있어 조만간 또 한번 채용제도가 요동칠 것 같다.

'위협'은 또 다른 기회

'위기는 기회'라고 했다. 위협은 외부적 요인이지만 극복하지 못할 상대는 아니다. 축구에서 상대방의 공격은 위협임에 틀림없다. 다만 위협을 기회로 전환하는 방법이 아주 없는 것은 아니다. 수비에 치중하되 한 번의 기회가 왔을 때 놓치지 않고 상황을 전환할 수 있는 것은 빠른 역습이다. 역습은 상대방의 공격을 무디게 함과 동시에 위협을 기회로 전화위복시키는 계기이다. 위협을 기회로 전환하는 것이 '문제해결 능력'이자 '조직관리 능력'

이다. 지금까지 분명 위협적이었던 때가 있었을 것이다. 위협적이었던 상황 또는 환경을 어떻게 극복해서 기회로 전환되었는지가 기업이 진단해 보려는 영역이다.

기업은 위협을 기회로 전환한 사실, 즉 결과만을 알고 싶은 것이 아니다. 결과보다 과정을 더 중하게 여긴다. 아직은 완성품이 되기 위해 다양한 노력을 기울이는 과정이므로 그 과정에 집중해서 미래 가능성을 점쳐 보려 한다. 다음에 다룰 인사이트(insight)가 주된 관심 영역이기도 하다. 하나의 경험에서 큰 깨달음을 얻었다는 것은 미래 성장가능성에 높은 점수를 부여한다.

김연아 선수의 트리플 악셀처럼 차별화된 역량으로 돋보일 수 있다. 과정과 깨달음은 묶음으로 연결되어 있다. 위협을 기회로 전환시킨 과정은 사실이다. 과정이 사실을 설명하는 수준이라면 큰 의미가 없다. 과정에서 얻은 깨달음이 미래지향적이어야 한다. 기업은 결과보다는 과정, 과정보다는 깨달음에 더 높은 점수를 부여한다는 것을 유념하자.

02 인사이트가 그렇게 중요하다고?!

인사이트는 깨달음이자 성장의 마중물이다. 인사이트(insight)는 본질을 꿰뚫어 보는 '통찰'이다. 통찰은 4차 산업혁명 시대에 주요하게 다루는 역량이다. 또 인사이트는 사람과 동물을 구별하는 접점이다. '나는 생각한다.

고로 존재한다'와 같이 철학적 접근을 하지 않더라도 통찰은 인간성을 회복하는 데 주요 수단임에 틀림없다. 깨닫는다는 것은 자신을 되돌아보는 것이고 되돌아보는 것은 자신의 태도와 행동에 반성과 함께 책임지는 것이다.

통찰은 문제해결의 원동력이기도 하다. 통찰은 예리한 관찰력을 요구하고 당면한 현실을 세부적으로 꿰뚫어 보는 안목이다. 당연함이나 익숙함에서는 생길 수 없는 것이 통찰이다. 늘 새로움에 대한 갈망과 욕구가 솟구칠 때 인사이트는 생성된다. 다양한 경험과 경력에서 파생된다는 것을 알 수 있다. 기업이 왜 경험의 가치를 높이 인정하는지 알 수 있다. 채용과 관련하여 이미 많이 소개된 사례에서 인사이트가 어떤 중요한 역할을 하는지 살펴보자.

매 번 면접에서 낙방한 젊은이가 이번에는 ㈜동그라미 채용에 도전했다. 최종 면접에서 또 실패하자 크게 낙담을 했다. 면접장을 나와 복도를 지나가고 있는데 대표이사가 앞서서 걸어가고 있다는 것을 알았다.

"사장님! 저에게 한 번만 더 기회를 주시면 안될까요? 저는 지금 나이 드신 어머니를 모시고 살고 있습니다. 저에게 채용이란 단순히 경제 활동의 의미를 넘어 어머니께 효도할 수 있는 길이기도 합니다. 제발 한 번만 더 기회를 주십시오"

젊은이의 이야기를 모두 들은 대표이사는 젊은이에게 한 마디 했다.

"노모를 모시고 계신다구요. 그럼, 제가 한 가지 제안을 하겠습니다. 오늘 저녁에 모친 발을 씻겨 드리세요. 그리고 내일 아침에 저에게 오세요."

젊은이는 기회가 한 번 더 있다는 것에 용기를 얻어 집으로 돌아와서, 저녁 식사 후 따뜻한 물을 받아 어머니 발을 정성스럽게 씻겨 드렸다. 그리고 돌아서서 한참

> 을 울었다. 다음 날 아침에 대표이사를 뵈었다. 젊은이는 대표이사를 만난 자리에서 무릎을 꿇고 눈물을 흘리며, 자신을 일깨워 주신 대표이사에게 고맙다고 인사를 했다.
>
> "사장님! 정말 고맙습니다. 어제 노모의 발을 씻겨 드리면서 당신보다 아들을 위해 얼마나 오랜 시간 애써 오셨는지 깨달았습니다. 그 긴 시간 삶의 흔적이 발에 고스란히 남아 있음을 두 눈으로 확인했습니다. 묵묵히 저를 믿고 지켜봐 주신 노모의 눈물로 얼룩진 세월을 주마등처럼 느낄 수 있었던 시간이었습니다. 다시 한 번 감사드립니다."
>
> 대표이사는 바로 그 자리에서 내일부터 출근해도 된다고 확답을 준다.

젊은이가 발을 씻겨 드린 행위는 사실(fact)이다. 노모의 발을 씻겨 드리는 그 과정에서 얻은 어머니의 믿음과 사랑에 대한 인사이트(insight)가 새로운 출발점이었다. 기업이 진흙 속에 찾는 진주가 사실(fact)이 아닌 실용적이며 차별화된 인사이트(insight)라는 점을 잘 보여준 사례이다.

인사이트는 인성에 의해 형성된다. 경험이나 경력은 결과물로 도출되지만 그 과정에서 인사이트가 발생한다. 조금 더 세부적으로 살펴보면 인성 또는 성격에 의해 인사이트가 구성된다는 것을 알수 있다. 위 사례에서도 노모의 '신뢰'와 '사랑'이다. 그것에 보답하기 위한 젊은이의 깨우침도 '착하다'는 인성에 기초한다. 성장과 발전 가능성을 인성에서 엿볼 수 있었기에 대표이사는 흔쾌히 출근을 허락했을 것이다. 오늘의 모습이 있기까지 큰 영향을 끼친 인사이트가 무엇이 있을까 지나간 시간을 검색해 보자.

글쓰기 방법으로 세 가지가 있다. 인사이트에 적합한 것은 '본질적 서술'

이다. 자신의 가치관과 경험을 통해 학습하고 자각한 내용, 그 내용으로 발전된 자아상, 미래에 미치는 영향 등에 대해 기술하는 방법이다. 자신을 가장 잘 표현할 수 있는 방법이다. '기능적 서술'은 이력서 기준으로 다시 한 번 설명하는 것으로 아주 낮은 평가를 받는다. 또 하나는 '편익적 서술'로 이력서의 경험을 기초로 자신의 장점만 부각시키려는 방법으로 채용담당자에게 공감(共感)과 동감(同感), 그리고 호감(好感)을 유발하기에는 역부족이다.

한 가지 유념해야 할 것은 4차 산업혁명의 변화가 워낙 빠르게 진행되므로 인사이트에도 유효기간이 있다는 점이다. 생성과 소멸을 반복한다. 유통기간이 지난 식품을 섭취했을 때 복통을 유발하듯 유효기간이 경과한 인사이트를 주창하면 전형적인 '라떼문화(Latte is horse)'의 진원지가 된다. '젊은 꼰대'가 된다. 수용성이 부족한 인재로 비춰질 뿐 아니라 쓸데없는 고집이 너무 강한 사람으로 간주되기 쉽다.

소경대성(小經大省) : 소소한 경험이라도, 큰 성찰이 있으면 된다

예기치 않았던 팬데믹의 3년이라는 시간은 사회적 체험 하기에는 너무나 큰 제약조건이었다. '강제적 사회적 거리두기'는 '할 수 있는 것'보다 '할 수 없는 것'이 훨씬 더 많았다. 그런 과정에서 예전처럼 큰 경험을 찾는 것은 쉽지 않다. 사실 팬데믹 이전에도 깨달음보다는 경험의 크기에 애쓰는 것이 취업 준비생들이 흔히 하는 실수 유형 중 하나이다.

방대하고 역동적인 결과물이 있다면 얼마나 좋으련만 현실적으로 그런 경험이나 경력을 찾는 것이 용이하지 않다. 채용 과정에서도 사실(fact)에 큰 의미를 부여하기보다 어제보다 나은 오늘이 될 수 있도록 노력한 과정에 더 많은 애착을 보인다. 다음은 대인관계 능력 확장을 위한 경험으로서 경험은 소소하지만 큰 깨달음으로 자신이 크게 변화된 모습을 보여 주는 사례이다.

> 나는 소심하지도 그렇다고 대범하지도 않다. 외향적이지도 내향적이지도 않은 중간 정도의 성격 소지자이다. 대인관계능력을 어떻게 하면 향상시킬 수 있을까를 고민하던 중 매일 등하교 때 이용하는 마을버스 기사분으로부터 답을 찾았다. 아침에 이용하는 마을버스 중 한 기사분은 승차하는 고객에게는 "안녕하세요. 좋은 아침입니다", 하차하는 고객에게는 "좋은 하루 되세요"라고 빠짐없이 인사를 했다. 처음에는 무심코 지나쳤지만, 어느날 기사분의 인사를 받고 나서, 내 마음이 뭔가 모르게 기분이 좋아진다는 것을 느꼈다. 나는 '그래. 바로 이거야'라고 깨달았다. 대인관계능력은 누가 먼저 다가오기를 기다리는 것이 아니라, 내가 먼저 진심을 다해 상대를 대할 때 가능해진다는 것을 말이다. 그날 이후로 학교에서 만나는 모든 분들에게 먼저 인사를 건넸다. 처음에는 그냥 지나치는 사람도 있지만, 이제는 꽤 많은 분들이 화답을 해 준다. 손을 흔드는 학생, '좋은 아침'이라고 인사를 건네는 직원, 밝은 미소로 답하는 교수님도 계신다. '짧은 한 마디 인사'가 하루를 좋은 에너지로 시작할 수 있게 할 뿐 아니라, 이타적 친근감과 신뢰를 돈독히 하는데 마중물이 될 수 있음을 체감하는 요즘이다. 내가 대우 받으려면, 상대를 먼저 존중해야 한다는 것을 깨닫게 된 계기가 되었다.

경험의 크기에 연연하지 말자. 경험의 종류에 일희일비(一喜一悲)하지 말자. 지금은 성장하고 발전하는 단계인 만큼 경험에서 얻을 수 있는 통찰에 신경 쓰자. 채용에서 자주 거론되는 역량은 '대인관계 능력(리더십, 갈등, 협상)', '문제해결 능력', '자기계발 능력(자기관리, 경력개발)', '의사소통 능력(경청)'에 염두에 둔다면 충분히 인사이트를 얻을 수 있다.

작은 성공이 좋은 습관이 되면 복리로 돌아온다.

작심삼일의 원인은 무엇일까? 의지박약일 수도 있지만 계획이 너무 큰 경우에도 실패할 확률이 높다. 행동은 생각으로부터 지배받는다. '안돼'라는 부정적 사고는 결과에도 불확실성을 증가시킬 뿐 아니라 성공하더라도 당초보다 더 많은 시간과 노력이 수반된다. 지금은 어제보다 더 발전된 모습이기를 바라면서 다양한 노력을 경주하는 과정이다. 성공 경험이 크면 좋겠지만 작은 성공을 반복해서 습관을 만드는 것이 미래 가능성에서는 더 바람직할 수 있다.

습관은 복리로 쌓인다. '체중'은 일상의 운동량과 식습관에서 비롯된다. '정리정돈'은 평소 청소습관에서, '순 자산'은 씀씀이와 연관된 경제적 습관에서, '경험'은 생각과 도전이라는 일상을 통해 형성된다. 이처럼 습관은 처음에는 미약하지만 원대한 결과로 이어지는 징검다리 역할을 한다. 작은 성공이 반복되면 '할 수 있다'는 자신감과 함께 '나는 대단해'라는 자존감을 상승시켜 더 큰 일도 두려움보다는 즐거움으로 도전할 수 있다. 이것이 기업이 찾는 미래 가능성이다.

반복된 실패는 '할 수 있을까?'의 주저함으로 전환되어 자신을 짓누른다. 원대한 목표라 하더라도 시작은 소소한 것에서부터 출발하자. 영어는 채용에서 기본 역량이라 할 수 있다. IT기술의 발전은 해외 직접구매(직구)

를 증가시키고 시간적 지역적 제약조건이 완전히 무장해제되면서 시장의 글로벌화로 확장되어 영어는 필요조건이다. 토익 준비할 때 짧은 시간에 벼락치기하듯 도전하지는 않는다. 최소 6개월 이상 시간을 두고 단어와 문법, 회화 등 단계별 코스에 따라 준비한다. 작은 목표와 성공을 반복하면서 한 발자욱씩 다가간다. 자신의 역량 향상을 위해 도전한 다양한 사례를 단계별로 세분화해 보자. 재미있는 얘깃거리가 될 것이다. 충분히 차별화된 스토리가 형성되리라 본다.

03 나만의 스토리 구축하기

왜(why), 무엇을(what), 어떻게(how)

취업 준비하면서 힘든 것 중 하나가 적합한 소재거리이다. 정말 힘들다. 특히, 3년 가까운 팬데믹의 학창기간은 취업 준비생에게 어려움을 가중시킨다. '강제적 사회 거리두기'는 차별화되고 다양한 경험을 체득하기에는 너무 열악한 상황이었다. 그럼에도 불구하고 기업의 질문은 여전히 변하지 않고 있으며 지원자만의 스토리를 원한다.

모든 경험이나 경력은 왜(why), 무엇을(what), 어떻게(how) 관점에서 분해하면 깔끔하고 이해하기도 쉽다. 그렇게 정리된 내용을 START 방식으로 저장해 놓으면 훌륭한 기록물이 될 뿐 아니라 걱정했던 소재거리에서 해방될 수 있다. 재학시절 다수가 경험하는 커피숍 아르바이트를 왜(why)

했는지와 어떤(what) 일을 했고, 어떻게(how) 진행했는지에 대해 세부적으로 분해하다 보면 안개처럼 뿌옇던 막연함이 봄 햇살처럼 따스하면서 확연하게 다가온다.

아르바이트 하는 이유는 각자마다 다양하다. 용돈이 필요해서, 등록금 충당하기 위해, 사회생활을 경험하기 위해 등 자신만의 목적을 한두 가지로 정리한다. 커피숍 역할은 제한적일 수밖에 없다. 바리스타 자격증이 있으면 커피 내리는 일을 하겠지만 대부분 없기에 한정적이다. 매장 청소, 식기 세척과 같은 맡은 역할과 일하는 요일, 시간을 함께 병기한다.

마지막으로 '어떻게'가 중요하다. 배정받은 일이 매장 청소라면 매일 정해진 시간에 반복적으로 청소를 한다. 다만 특이점이 없다 보니 차별적 요소가 보이지 않는다. 바라보는 시각을 살짝 옆으로 돌려 보자. 청소 전문가가 된다고 목표를 정해 보자. 하루를 시간대별로 나눠 청소 담당자 관점에서 특이점을 분류해 볼 수도 있다. 특이점 발생 원인을 도출하고 대안을 마련해 보자. 시간대별 중점적 청소 장소를 바꿔 본다거나 고객 집중 시간에는 분리수거함을 추가로 설치하거나 흡연장소는 청결 관리에 관한 센스있는 안내문을 게시하는 등 다양한 방법을 시도해 본다. 일정기간 동안 개선 여부를 파악하고 실시 방안별 메시지를 정리해 보면 재미있는 자료가 된다.

기업은 왜(why)와 무엇(what)에도 집중하지만 정말 관심 있는 것은 '어떻게(how)'이다. 바로 '과정'이고 '미래 가능성'을 엿볼 수 있다는 장점이 있다. 정말 지원자가 우리 회사의 미래를 함께 책임질 수 있는 적합한 인재인지를 알기 위함이다. '어떻게'에 더 많은 노력을 기울이기 위해서는 편리함, 익숙함과 결별해야 한다. 익숙함에 반기를 들 때 '어떻게'에 대한 신박

한 아이디어가 나온다. 참신한 아이디어는 뿌듯함과 희열을 느낄 수 있는 원동력이자 취업 준비를 수월하게 하는 한 줄기 빛과 같다. 구체성을 접목하는 방법으로 'START 기술 방법'을 소개한다.

'START' 기술 방법

'시작하다', '출발'이라는 의미의 'start'는 왜, 무엇을, 어떻게로 체계화된 경험 또는 경력을 조금 더 구체화 시키면서 앞에서 다루었던 인사이트에 집중하는 방법이다. 'START 기술 방법'으로 정리된 자료는 일부 기업들이 역량을 확인하기 위해 찾는 '포트폴리오(portfolio)'와 유사하다. 자기소개서와 면접은 구체성이 결여되면 진정성을 검증할 방법이 없어 평가자로부터 외면받기 쉽다. 평소 임팩트 있는 경험이나 경력에 대해 구체성을 곁들여 기록해 놓아야, 중요한 순간 위력을 발휘한다. START 방법은 다음과 같다.

START 기술 방법

구 분		정 의
Situation	상 황	구체적(시기, 장소, 인원 등 계량화) 상황
Task	역 할	구체적 역할(why, what)과 예상 기여도(백분위, 결과 예측) 등
Action	행 동	역할 관련 구체적 행동으로 대안 제시와 같은 '어떻게(how)'에 집중하여 기술
Result	결 과	역할이 결과에 미친 영향. 특히, 자신이 제시한 대안 또는 방향이 어떻게 결과에 영향을 줬는지 중점적으로 표현
Think	통 찰	결과에 영향을 준 요인을 분석하여, 그 요인으로부터 얻은 인사이트를 구체화 시키되 미래의 자신에게 어떻게 영향을 줄 것인지 포함

매년 3월 초에는 신입생 오리엔테이션이 진행된다. 팬데믹 3년은 온라인으로 행사를 진행했다. 엔데믹이 된 금년도에 처음으로 대면 오리엔테이션이 개최되었다. 그 어느 때보다 준비할 것이 많다. 문제는 대규모로 대면 오리엔테이션을 경험해 본 학생이 없다. 학생회 멤버들은 설왕설래하면서 각자의 목소리를 높이기만 했고 조율이 잘되지 않았다.

이 때 리더가 회의를 제안한다. 몇 가지 원칙이 정해지자 집단지성의 힘에 의한 결과물을 도출할 수 있었다. 이 상황을 리더 입장에서 START 기술방법을 활용하여 정리하면 다음과 같이 기술할 수 있으며, 문제해결했던 사례 또는 리더십을 발휘해 성공했던 사례, 다른 사람들과 함께 공동 목표를 위해 협업했던 사례, 갈등을 해결한 사례 등의 소재로 활용할 수 있다.

구 분	내 용
Situation	• 2023년 3월 11일(토) 오리엔테이션 개최 예정 - 장소 : 학교 강당 - 시간 : AM 10 ~ 11.30 - 대상 : 신입생 전원 • 문제) 대면 오리엔테이션을 진행해 본 경험자 전무
Task	• 역할) 중재자 역할 및 최종 책임자 - 멤버 의견조율을 통해 오리엔테이션 행사 계획 수립과 진행 • 기여) 결과에 대한 최종 책임을 진다.
Action	• 다양한 의견을 조율하여 최종 합의에 이룰 수 있도록 중재자 역할 - '브레인스토밍(brainstorming) 방식' 회의 → 행사 계획(안) 도출 • 회의 원칙 제시 - 회의 시간 : 총 3시간 - 모두가 회의에 참여하며 각자 의견을 5분 이내로 발표한다. - 타인 발표 의견에 부정적 의견 대신 긍정적 방향으로 이끌어 갈 수 있는 대안을 제시한다.

Result	- 회의는 학년, 직책처럼 수직적 요소 배제하고 수평적으로 진행한다. • 비록 회의 시간은 다소 초과되었지만, 충분한 토론의 장(place)이었으며, 다양한 의견을 반영한 행사 진행(안) 도출에 성공 • 일부 실수는 있었지만 원만하게 행사를 진행하고 마무리할 수 있었음
Think	• 각자 가치관과 경험에 기초한 '다름'을 이해하고 존중할 때 다양성이 도출될 수 있다. • 수직적 요소(학년, 직책)를 제거하고 수평적 회의가 더 알차고 풍성한 결과물을 도출할 수 있음을 깨닫는 계기가 되었다.

 START 방식으로 기술하면 좋은 점은 '구체성'과 '명확성'이 뚜렷해진다는 것이다. 구체성과 명확성은 채용 과정에서 반드시 챙겨야 할 요소이다. 이타적 차별성은 채용담당자의 눈길을 사로잡는 마법과 같다. 다만 경험마다 작성해야 하므로 번거로울 수 있다. 그래도 도전해야 한다. 4차 산업혁명 시대에는 동질성과 획일성으로 채용의 문턱을 넘는 것은 거의 어렵다. 아니 안 된다는 표현이 맞다.

 이색적이고 특이한 도전과 깨달음이 요구되는 시대이다. 작은 성공이라도 반복을 통한 긍정적 습관이 주효하다. 일상에서 겪고 있는 불편함은 잘못된 생활습관에서 비롯된다. 이제는 바꿔야 한다. 좋은 방향으로 선회하고 전환 과정을 'START 기술방법'으로 기록하여 자신만의 차별점을 기록하자.

04 차별화와 자기다움

4차 산업혁명 시대와 차별화

4차 산업혁명 시대는 엉뚱한 상상력이 박수를 받는다. 천재 물리학자 아인슈타인은 '지식보다 상상력이 더 중요하다'라고 강조했다. 차별화된 상상력은 '문제 찾기'와 '덧대기 전략'이 유효하다.

'문제 찾기'는 당연한 것에 의문을 제기하는 것이다. 최소 단위까지 분해하고 물음표를 붙여서 이해해 보자. '목적론'이 아니라 '방법론'에 집중하자. 근본의 이해는 융합의 시발점이자, 새로움을 탄생시키는 자양분이다. 비빔밥의 재료는 지역과 계절, 기호이다. 똑 같은 비빔밥은 존재하지 않는다. 요리는 창의성으로 똘똘 뭉쳐져 있다. '왜'라는 의문을 제기하는 만큼 새로운 요리가 만들어질 수 있다.

'덧대기 전략'은 개방성이다. 열린 마음은 이타적 경험과 지식을 덧대어 새로운 것으로 탄생된다. 이것이 차별성이자 자신만의 '브랜드 자산'이다. 기업이 원하는 4차 산업혁명 시대의 인재상이다. 21세기는 획일화되고 동질적 개념은 더 이상 발붙일 곳이 없다.

차별화와 진정성

차별화는 'Only One'이다. 남들보다 잘하는 것이 아니라 나만의 할 수 있는 것, 나만 보유하고 있는 것이 차별화이자 경쟁력이다. 취업 공고문에 공지된 지원자격 요건은 표현 그대로 가이드라인이다. 지원조건 중 '토익

700점 이상'이라는 조건은 토익 990점이나 700점 모두 지원자격이 주어진다는 의미로 차별적 요인이라 할 수 없다. 영어 공부를 할 때 학원에서 학습하는 것보다 자기주도적으로 미국 드라마를 보고 학습했다면 차별적 경쟁력이다. 토익 점수는 우열의 순위를 가리는 'Best One'의 대상이 되지만 학습 과정은 누구도 범접할 수 없는 'Only One'이다.

차별성은 진정성이 뒷받침될 때 더 영롱한 빛을 발한다. 진정성 확인은 어떻게 할까? '지원 동기'에서 가능하다. '고교시절 귀사의 광고를 보고 홍보업무에 관심을 갖기 시작했습니다', '어릴 때부터 할머니 손잡고 저축을 생활화하면서 재무의 중요성을 깨달았습니다'처럼 두루뭉술한 표현 또는 검증하기 어려운 내용과 마주치면 답답해진다. 이 책을 읽는 독자가 평가자라면 진정성을 어떻게 검증할 수 있겠는가? 진정성이 결여된 내용은 수용성이 낮다. 검증 불가한 내용은 의미가 없다. 평가자는 굳이 모험을 감행하려고 하지 않는다.

진정성 있는 지원 동기는 일관성 유지가 관건이다. 지원자들이 자주 실수하는 것은 문장에 너무 매몰되어 전체 흐름이 들쭉날쭉한 경우가 많다. 어떤 질문에는 '차분한 성격'으로 기술하고 다른 항목에서는 '도전과 열정'을 논한다면 연결점을 어디에서 찾을 수 있을까 싶다. 내용상 차별성도 중요하지만 평가자에게 공감과 동감을 유발할 수 있는 차별성이 더 돋보인다. 공감과 동감은 진정성 있게 바라볼 수 있도록 하는 매직과 같다. 지원동기와 지원직무가 동일 선상에 놓여 있는지, 소소하지만 자신의 꿈에 한 발자국 다가가기 위한 다양한 시도가 일관성과 진정성을 느낄 수 있는지에 주목한다.

헤밍웨이는 '고귀함이란 상대보다 비교우위에 있는 것이 아니라 어제보다 오늘의 내 모습이 더 발전한 것이다'라고 하였다. 인생 백세시대이다. 그만큼 시간적 여유가 있다. 여유를 갖고 자신의 모습을 갈고 닦자. 어제의 모습보다 나은 오늘의 모습을 위해서 말이다. 성공은 자신의 꿈을 이루는 과정이므로 스스로 평가하고 피드백을 하자.

'Best One'이냐, 'Only One'이냐는 오랫동안 묵혀 둔 김장김치처럼 쉽내 나는 단어일 수 있다. 갑론을박도 만만치 않은 이슈였지만 이어령 교수도 'Only One'을 거들었다. 특히 채용시장에서는 당연시될 정도로 두드러진 현상이다. 그렇다고 'Best One'이 틀리다는 것은 아니다. 상황에 따라 적용하는 가치가 다르다는 것을 무수한 경험으로 학습해 왔다.

태릉선수촌은 'Best One'을 위해 구슬땀을 흘린다. 등위가 결정되는 스포츠 경기는 'Only One'도 중요하지만 'Best One'을 최우선 과제로 삼는다. 1등만이 관심을 받는다. 철저한 순위 경쟁 다툼이기에 남들보다 한 발자국 먼저 목표지점을 통과하거나 높은 점수를 획득해야 한다. 부지런히 움직이면서 한 골이라도 더 넣어야 승패를 갈라 놓을 수 있다. 모두가 한 꼭지점을 향해 달리므로 순위는 어쩔 수 없다. 학교 또는 군대에서 경험해 볼 수 있는 '선착순'과 같은 게임 논리이다. 순위 안에 진입해야만 휴식이라던가 다른 포상이 뒤따른다.

이런 영역에서는 'Best One'이 지향해야 할 가치라는 것을 누구도 부인할 수 없다. 다만 자기만의 색깔로 과정을 채워가는 'Only One'은 4차 산업혁명 시대에 존중받아야 할 영역이자 충분한 가치가 있다. '노력'이라는 땀과 유니크(unique)한 자기만의 색깔이 덧입혀져 있다. 결국 '최고'라는 결과물에 '유일'이라는 자신만의 특성이 반영된다.

'Only One'으로 자기다움을 키우자!

타인과 자신의 평가가 동일해야 한다는 것은 억지다. 바라보는 관점이 다르다. 평가 또한 상이하다. 타인에게 인정받으려는 '보여주기 위한 삶'은 피하자. 세종이 언급했듯이 사람은 각자마다 한 가지 재능을 갖고 있다. 자신감을 갖고 도전해 보면서 '자기다움'을 찾아보자. 하완 작가는 '하마터면 열심히 살 뻔 했다'에서 열정도 소모된다고 역설했다. 자신이 좋아하는 것에 열정을 쏟아부어 보자. 실패도 경험이다. 경험은 보다 나은 자신을 위한 자양분이다. 젊음이라는 든든한 무기가 있지 않은가. 실패해도 기성세대보다는 잃을 것이 그리 많지 않다. 크게 눈을 부릅뜨고 변화하는 세상의 흐름에 몸을 맡기자.

'Best'와 'Only'의 차이점은 무엇일까? 'Best'는 3차 산업혁명 시대까지 통용되었던 단어이다. 동질성과 획일성, 대량생산이라는 경제구조에서 통했었다. 기업주도형 문제해결을 추구하는 지향점이 'Best'이다. 경쟁기업과 생존 게임에서 살아남기 위해서는 한 뼘이라도 기술이 더 우수해야 한다. 한 시간이라도 더 빨리 개발해야 계속기업으로 연명할 수 있다. 공급자가 시장우위를 점하며 공급량으로 시장을 통제했던 '소품종 대량생산 체제'의 개념이 'Best'이다.

이제는 다르다. 4차 산업혁명 시대는 종전의 개념을 완전히 뒤집어 놓았다. 엎친 데 덮친 격으로 팬데믹은 일상을 송두리째 바꿔 놓았다. 'contact'가 'untact'로, 이제는 'ontact'가 편해졌다. 강제적 사회 거리두기는 대면보다 문자 소통 시대를 열어가고 있다. 배달 중심의 유통이 이렇게 빠르게 성장할 줄 그 누가 예측했겠는가? 한 발 앞선 'Best'보다 소비자 니즈에 어떻게 맞출 것인지의 'Only'가 가치적으로 대우받는 세상이 되었다.

'남들처럼'이 아닌 '나만의 장점'을 살려 소비자 니즈를 충족시켜 주는 '다름'과 '다양성'이 존중받는다. 결국 'Only'이다. 기업주도에서 자기주도로 일상이 전환되고 있다. 기업에는 '통제'가 아닌 '지원', '조력'으로 변해야 한다고 경고하는 것 같다. 4차 산업혁명 시대는 소비자 욕구 충족을 위해 '다품종 소량생산 체제'이다. 그 어느 때보다 구성원의 다름이 버무려진 다양성이 요구된다. 학창시절부터 시대 특성에 맞게 자신을 개발하고 가꿔야 한다.

'디지털 원주민'인 젊은 세대는 보다 빠르고, 보다 정확하게 세상의 맥락을 읽는 능력을 갖고 있다. 기하급수적 변화는 '디지털 원주민'에게는 더할 나위 없는 기회이다. 기성세대는 가지고 있지 않은 최신 무기를 탑재했다. 남의 것을 탐할 것이 아니라 자신의 원석을 보석으로 만들어 보자. 프랑스 석학 자크 아탈리는 '자기 스스로를 위해 무엇을 할 수 있는지 물어보라'고 하였듯이 자신에게 내가 할 수 있는 것이 무엇인지를 물어보자.

Chapter 3

채용준비의 4대 공약수를 찾아서!

취업은 대부분 젊은이들의 소망이다. 소망을 이루기 위해 얼마나 많은 스펙을 쌓아야 하고 자격증 취득을 위해 얼마나 더 많은 시간을 쏟아 부어야 한다는 말인가. 그 만큼 취업 경쟁이 심각하다는 것을 뜻한다. 사막에서 바늘 찾는 것 만큼이나 어렵다. 채용시장이 종전과는 달라진 것 같은데 스펙을 포기할 만큼 용기는 없는 것 또한 사실이다. 어떻게 하면 취업 준비생의 부담감을 줄여 줄 수 있을까? 채용 과정에서 빼 놓을 수 없는 자기소개서와 면접에서 해법을 찾아보자. 두 과정의 총론에 해당되는 공약수 네 가지를 이해한다면 부담감이 완화될 것이다.

01 회사와 직무 사전조사만이 살길이다

취업 준비생이 지원회사와 직무에 대해 사전조사하는 것은 최소한의 예의이다. 예의가 갖추어질 때 비로소 인사 담당자로부터 관심을 끌 수 있다. 기업정보, 직무정보 검색은 기본이다. 기업정보는 홈페이지와 기사 검색으로 가능하다. 홈페이지에서는 경영철학, 인재상, 비젼과 미션, 향후 계획, 홍보자료와 같은 청사진을 꼼꼼히 살핀다. 자기소개서 밑그림의 기본재료이다. 언론기사는 기업이 미래 지향적으로 선포한 계획이나 현실적 어려움과 같은 굵직한 이슈를 검색할 있는 훌륭한 통로이다. 사실확인과 연관된 자료를 조사해 놓으면 프리젠테이션 면접이나 토론면접에서 활약을 기대할 수 있다.

제품 이해도는 회사의 관심도가 높다는 것을 입증하는 데 한몫 거든다. 대표 상품이나 판매 부진한 상품에 대해 지원자만의 철학을 담은 마케팅 분석을 준비한다면 신선해 보일 것이다. 아울러, 산업 트렌드 분석도 중요하다. 기업의 경영환경을 위협하는 요인이나 기회로 활용할 수 있는 부분까지 찾아서 대안을 마련해 보는 것을 추천한다.

직무정보도 반드시 챙겨야 할 항목 중 하나이다. 직무기술서가 확보된다면 가장 좋다. 그렇지 않다면 NCS나 관련 자료를 검색하여 지원 직무의 특성을 파악하고 업무절차도 확인한다. 업무절차별 필요 역량이 무엇이고 지원자가 부족한 점을 분석하고 채워나갈 방안을 준비하자. 자기소개서나 면접에서 한 번은 다룰 수 있는 주제이다. 직무는 단독으로 처리되는 개인전이 아니라 대부분 협업을 전제로 하는 단체전이다. 이타적 업무 연관성을 가능한 범위 내에서 최대한 파악하고 분석하는 것도 방법이다.

이처럼 회사정보와 직무정보 분석은 지원자로서 최소한의 예의임을 다시 한 번 강조한다. 현실에서는 그렇지 못한 지원자가 많다는 것이 안타깝다. 기업과 인사 담당자가 지원자에게 예의를 갖추 듯 지원자도 입사 의지에 대한 진정성을 확인시켜 줄 수 있도록 정보를 검색하고 분석하는 데 게을리하지 말자.

02 자신만의 스토리텔링이 답이다

취업 준비생이 가장 많이 하는 실수가 자기소개서와 면접의 질문에 정답을 맞추려고 애쓴다는 점이다. 정답은 우열을 가려 누가 'best'인지 판단하는 수단이다. 21세기는 'best'가 아닌 'only'가 사회적으로 대우받는다고 여러 번 강조했다. 기업은 지원자의 현재 모습이 되기까지 어떠한 노력을 시도해 왔는지 그 과정이 궁금하다.

기업의 질문 의도는 절대 정답을 요구하는 것이 아니라는 것을 다시 한 번 강조한다. 학점 산출용 필기시험이 아니다. 지원자와 경영철학이 얼마나 부합하는지 등 적합성을 판단해 보기 위함이다. 반드시 홈페이지를 참조해야 하는 근거이기도 하다. 홈페이지에서 강조하는 내용, 미션, 비젼, 인재상이 무엇인지 이해하고 자신의 철학을 덧대는 것이 그 무엇보다 중요하다.

멘토링 과정에서 가장 많이 듣는 질문 중 하나가 '어떻게 대답하면 좋을까요?', '기업이 원하는 대답은 뭘까요?'와 같은 유형이다. 정답이 무엇이냐고 물어보는 것이 아닐 수도 있지만 질문의 앞 뒤 상황을 고려해 보면 대부분 기업의 질문을 시험이라고 생각하는 것 같다. 정답이 있다고 판단하는 순간 자신의 얘기가 아닌 일반화된 평이한 소재로 둔갑한다. 채용에서는 자신의 얘기에 충실해야 한다.

만약 답변에 자신이 없다면 '면접위원님의 질문에 정확한 답변은 아니겠지만 제가 이해한 ○○○에 대해 말씀드려도 되겠습니까?'라고 양해를 구하고 지원자의 소신을 밝히는 것도 좋다. 절대로 주눅들 필요 없다. 당당하게 답변하면 된다. 지원자는 프리즘에 비춰진 수많은 스펙트럼의 하나이기에 기업이 '옳고 그름'의 이분법적 잣대로 판단하지는 않는다. 기업이 지향하는 경영철학에 얼마나 부합하는지와 미래 가능성이 어느 정도인지를 유심히 본다.

03 내가 주인공이자 시나리오 작가이며 연출가이다

채용 과정의 주인공은 지원자 자신이다. 자기소개서나 면접에 등장하는 주인공은 부모도 아니고, 선생님도 아닌 바로 자신이다. 자기소개서는 지원자가 직접 작성한 시나리오이자, 면접용 예비 질문지이다. 시나리오 얼개를 직접 구성하고 연출한 사람도 지원자 본인이다. 한 편의 드라마가 완성되기까지 처음부터 끝까지 스스로 만들어 가는 것이 채용과정이다. 주변에는 거들어 주는 조력자만 있을 뿐이다. 이 책도 독자가 촬영하는 한 편의 드라마에 조금이나마 보탬이 되기 위해 존재할 뿐이다. 철저하게 지원자 중심이라는 점을 잊지 말자.

취업 준비의 주인공이 지원자이기에 '저, 제가'와 같은 1인칭 대명사 사용은 가급적 억제하는 것이 바람직하다. 글쓰기가 익숙하지 않을 때 대명사 사용이 자주 등장하게 된다. 평가자는 이런 내용을 이미 인지하고 있다. 자기소개서의 글맵시가 평가 대상은 아니지만, 평가자에게 부담을 줘서는 안 된다. 평가자 입장에서는 '사족'과 같은 쓸데 없는 표현이라고 간주할 수 있기에, 가능하다면 사용을 억제하라고 권고한다. 자신을 강조해야 할 때 과감히 사용하면 된다.

연출도, 시나리오도 그리고 주연배우도 자신인데 뭐가 두려운가. 자신감을 갖고 그 동안 살아왔던 시간을 자신의 스토리로 당당하게 엮어내자. 기업은 함께 먼 길을 떠날 동반자를 찾는다. 체력적으로 정신적으로 단단한 인재가 필요하다. 그런 인재라는 것을 증명하면 된다.

04 나를 알리는 홍보 수단이다

자기소개서는 지원자 자신을 알리는 홍보 서류이고, 면접은 적합한 인재라는 것을 스스로 강조하는 홍보 장소이다. 기업이 찾는 인재가 바로 자신임을 알리는 홍보 수단이 자기소개서이고 면접이다. 이 두 가지 수단을 최대한 활용해서 지원자가 가장 적임자라는 것을 알려야 한다. 객관적이고 공정한 채용절차로 진행되므로, 자신만의 장점이나 특기를 부각시킬 수 있는 별도의 수단이 존재하지 않는다. 어필할 수 있는 방법이 없기에 누구에게나 주어진 분량과 수단을 적절히 조화롭게 이용해야 한다.

　학창시절에 가장 많이 사용하는 노트북이나 스마트폰 구입할 때 어떻게 하나? 남들이 좋다는 댓글을 보고 모델을 선정하지 않는다. 누구의 권유는 참고사항이지 결정적 한 방은 아니다. 상품설명서와 후기를 읽어 보고, 직접 실물도 확인해 볼 뿐 아니라, 현장에서 간단한 시뮬레이션과 함께 경제적 여건을 고려하여 최종 결정한다. 상품설명서와 후기에 해당되는 것이 자기소개서이다. 실물 확인과 현장 시뮬레이션은 면접이라 할 수 있다. 노트북이나 스마트폰 구입할 때 느낌을 잘 살려 어떻게 준비하고 대응하면 될지 마음의 준비를 하자.

　요즘 '핫플레이스(hot place)'로 각광받는 아이템이나 지역이 많다. 그 중에서도 요리를 빼 놓을 수 없다. SNS에 가득하게 채워진 음식의 사진은 무엇을 의미할까. 요리는 세 가지의 맛이 있다. 눈으로 먹는 맛(보는 맛), 입으로 먹는 맛(먹는 맛), 마음으로 먹는 맛(여운의 맛)이다. 이처럼 채용 과정에서 세 가지 맛을 모두 느낄 수 있도록 해야 한다. 눈으로 읽어서 '공감'할 수 있고, 귀로 들어서 '동감'할 수 있으며, 한 번 더 보고 싶은 '호감'까지 느낄 수 있는 자기소개서와 면접이라면 어떠한 질문이라도 두려울 것이 없다. 자신의 매력을 음식의 세 가지 맛으로 표현할 수 있는지 잘 살펴보고 준비하자.

4차 산업혁명 시대의
기업은 어떤 인재를 원하는가?

PART 4
맞춤형 취업준비 전략

Chapter 1 　맞춤형 자기소개서란?
Chapter 2 　SUCCESS 면접전략

PART 4
맞춤형 취업준비 전략

Chapter 1

맞춤형 자기소개서란?

01 자기소개서는 왜 '한숨'부터 나올까?

'왜(why)' 물어볼까?

자기소개서는 '한숨'이라고 취준생들은 표현한다. 10명 중 8명에 가까운 취업준비생이 자기소개서 포비아(phobia)를 경험했다고 한다. 그 이유는 뭘까? 자기소개서가 어려운 첫 번째 이유는 '왜(why)'이다. 기업이 질문하는 이유 또는 의도를 이해하지 못하는 것에서 기인한다. 질문의 의도(why)를 알아야 어떤 내용으로 서술할지가 연계되는데 첫 관문에서 넘사벽과 같은 허들을 만난 것이다. 질문 의도 파악하는 방법은 Part 3의 Chapter 1 '질문에서 스토리를 찾다'를 참조하면 쉽게 이해할 수 있다.

지원기업의 '경영철학'은 뭐지?

둘째, '경영철학'이다. 지원 기업의 경영철학을 알아야 자신의 가치관과 연계가 가능하다. 의외로 지원기업의 홈페이지 활용도가 낮다. 홈페이지는 기업의 365일 24시간 살아 움직이는 광고판이다. 자신만 의지가 있고 관심이 있다면 홈페이지 검색에는 어떠한 제약조건도 없다. 그런데 현실은 다르다. 홈페이지에 공개된 미션과 비전, 인재상을 보지 않는 지원자가 상당하다. 언론에 보도된 내용도 꼼꼼히 살펴봐야 한다. 지원 기업이 발간하는 홍보 책자나 신문(온라인 포함)도 좋다. 신년사, 창사기념일, 송년사 등 노출된 정보를 충분히 확보해서 미션과 비전 등 경영철학을 인지하는 것이 중요하다. 그 속에 궁금해 하는 경영철학이 녹아져 있다.

적합한 소재로 '무엇(what)'이 있을까?

셋째, '무엇을(what)'이다. 무엇을 써야 할지 헷갈려 한다. 가장 적합한 소재거리가 어떤 것인지 추출하는 데 힘들어 한다. 질문 의도를 모르고 경영철학에 대한 이해도가 낮은데 어떻게 '소재'를 추출할 수 있을까? 어찌 보면 어려운 것이 당연할 수 있다. 무엇을 써야 할지 막막하다는 의견도 10명 중 7명 수준이다. 쓸만한 스토리가 없어서 어렵다는 응답율도 10명 중 5명 정도 된다.

일상은 선택과 판단의 연속이다. 선택과 판단은 생각을 요구한다. 무의식적으로 선택하는 것은 거의 없다. 대부분 가치관이나 경험, 경력에 기대어 선택한다. 최상 선택은 기대하기 어렵다. 차선의 선택이 대안이라고 여길 뿐이다. 선택 기준에 자신만의 깨달음을 덧입힐 수 있다면 기업이 보고 싶은 차별화된 자기소개서이다. 그 소재가 바로 무엇을 써야 할지 막막한 현실을 일깨워 줄 수 있는 알라딘의 요술램프와 같다.

나만의 스토리를 '어떻게(how)' 전개할까?

마지막은 '어떻게(how)'이다. 스토리 전개는 어떻게 시작하고 어떻게 마무리해야 할까? 자기소개서 독자는 그 누구도 아닌 평가자이다. 평가자가 재미있고 호기심이 갈 수 있도록 기술되어야 한다. 자기소개서 작성 요령 '십계명'을 이해하고 준수한다면 그렇게 어려운 일은 아니다. 대체어와 소제목을 활용하고 첫 문장에 자신의 결론을 도출하는 두괄식 작성 등 '십계명'을 적극 활용해 보자.

어려워 하지 말자. 세종은 '모든 사람은 각자마다 재능 한 가지씩 갖고 태어난다(人有一能)'고 했다. 자신의 능력을 찾는 것이 그 무엇보다 급선무이지만 현실적으로 쉽지 않다. 그렇다고 환경만 탓할 일이 아니다. 나만 소외당하는 것이 아니라 대부분 젊은이들은 그런 환경에 노출되어 있기에 유사한 조건이다.

자신이 누구인지 먼저 파악하자. 인성은 어떠한지, 성격은 어떻게 표현할 수 있는지를 찾아내자. 그 과정에서 자신이 기울인 노력과 켜켜이 쌓인 퇴적층의 단면을 들여다보자. 분명 기업이 요구하는 적합한 그 무엇인가가 있다. 그 동안 찾지 못한 '숨어 있는 2인치'를 발굴하자. 기존의 틀이 아닌 새로운 관점에서 바라봐야 보인다. 역량 산출 방정식이 갖는 의미를 이해한다면 충분히 좋은 결과를 기대할 수 있다. 역량은 성격을 주춧돌 삼아 환경을 내 것으로 만드는 노력과 최선을 다한 경험으로 구성되어 있다. 자신의 경험을 반영해서 차별화된 스토리텔링을 만들어 보자.

02 글쓰기는 '지식'이 아니라 '기술'이다

자기소개서가 어려운 이유 중 또 하나는 '글쓰기'라는 점이다. 글쓰기는 하룻밤 벼락치기해서 해결될 수 있는 '지식(knowledge)'의 영역이 아니다. 시간과 노력이 투자되어야 하는 '기술(skill)' 분야이다. 마감일 하루 전날 벼락치기해서 자기소개서가 작성될 만큼 만만치도 않을 뿐 아니라 암기해서 해결될 수 있는 '지식'이 아니다. 노력의 땀이 켜켜이 쌓여야만 가능한 '기술'이라는 점을 간과하고 있다.

4년마다 개최되는 월드컵이나 올림픽에 참가하려고 수많은 선수들이 동일한 또는 유사한 행동을 하루에 10시간 가깝게 땀 흘리는 이유가 무엇이겠는가? 글쓰기는 반복된 연습으로 기술력을 높여야 하는 대상이다. 매일 하는 것이 좋다. 교재는 신문 사설이 가장 적합하다. 신문 사설에서 주요 키워드 중심으로 A4 반페이지 분량 정도로 글을 써보자. '십계명'을 준수하면서 말이다.

체중 조절할 때 가장 힘든 것은 시작해서 3개월까지 요지부동한 체중계 숫자이다. 3개월 동안 지속적으로 운동하면 지방이 근육으로 바뀌면서 체중계 바늘이 조금씩 하향 곡선을 그리기 시작한다. 글쓰기도 마찬가지이다. 오늘 썼다고 내일 확연한 차이가 있는 것이 아니다. 시간과의 지루한 싸움이다. 버텨야 한다. 지루하지만 참아야 한다.

미래 수십년의 경제활동의 단초가 되는 몇 장의 자기소개서 작성을 위해 1년여 시간을 투자하는 것은 해 볼 만할 뿐 아니라 승산있는 장사이다.

충분히 이윤이 남는 장사임에 틀림없다. 매일 사설을 읽고 자신만의 가치관과 견해를 글로 표현해 보자.

03 독자는 평가위원이다

자기소개서는 홍보문이다. 자신의 장점과 역량을 부각시켜 알리는 글이다. 자신을 위해 쓰는 자서전이 아니다. 엄연히 독자가 있고, 그 독자가 공감하고 동감할 수 있으며, 호감이 가야 한다. 혹시 일기 형식은 아닌지 꼼꼼히 살펴봐야 한다. 한 권의 책을 100명의 독자가 읽으면 101권의 또 다른 도서가 탄생한다. 저자와 100명의 독자가 각자 방식으로 이해하고 해석하기 때문이다. 6학년 초등학생이 이해할 수 있도록 프리젠테이션을 해야 한다고 역설하는 스티브 잡스의 말처럼 독자가 최대한 나의 생각에 가까워질 수 있도록 이해하기 쉽게 기술해야 한다.

첫째, '평범한 단어 선택과 표현'이다. 평가자는 지원 직무에 전문가도 있겠지만 아닌 경우도 다수 있다. 전문용어는 자신에게는 쉬울 수 있으나 평가자에게는 어려움으로 다가올 수 있다. 평가자가 어렵다고 사전을 찾아보거나 인터넷을 검색하여 평가하기를 기대하는 것은 현실적으로 어렵다. 가능한 평범한 단어여야 하며 표현도 알기 쉬워야 한다. 이 책에서 한자를 최대한 억제하려는 시도가 바로 이러한 맥락이다. 부득이한 경우에 전문용어와 함께 이해를 돕기 위한 간단한 설명을 곁들이는 것도 좋은 방법이다.

둘째, '유사성'과 '평이성'이다. 자기소개서 80~85%가 유사하다는 평가이다. 유사성이 높은 문장은 인공지능(AI) 평가에서도 긍정적 평가를 기대하기는 어렵다. 하물며 감정을 가진 사람은 더욱 힘들다. 하루에 적게는 수 명에서 많게는 백여 명 이상의 자기소개서를 읽는다. 동일한 질문에 유사한 답변을 하루 종일 아니 며칠 동안 읽고 또 읽어야 한다면 얼마나 곤혹스럽겠는가? 공감, 동감, 호감의 3감(感)을 유발할 수 있는 차별화된 내용이어야 '유사성'을 넘어 '평이성'도 극복할 수 있다.

자기소개서 독자는 평가자이다. 평가자는 기업에 적합한 인재인지를 판단하는 임무를 부여받았다. 먼저 평가자의 눈높이를 통과해야 한다. 통과 방법은 막힘없이 읽힐 수 있는 쉬운 표현이어야 한다. 아울러, 자신만의 얘기를 차별적이며 공감과 동감이 갈 수 있는 내용일 때 평가자인 독자는 호감을 갖게 되고 다시 한 번 보고 싶다는 느낌을 가진다.

04 자기소개서 3대 요소에 집중하자

자기소개서는 공통적으로 검증하고자 하는 영역이 있다. 지원자의 가치관(value), 인성(personality), 조직과 직무의 적합성(fitness)이다. 이 부분이 지원동기, 성장배경, 성격 장단점, 경험/경력사항, 입사 후 포부 등의 질문으로 나타난다. 지원자는 자기소개서 검증항목에 적합한 소재거리로 표현해야만 한다.

'가치관(value)'은 진정성이다. '페르소나(persona)'는 심리학에서 '내면의 자아'와 '외면의 자아'를 내포한다. 21세기는 '내가 아닌 또 다른 내'가 여러 명 있다. 인스타그램에는 '자랑하고픈 내'가 있다. 페이스북의 '점잖은 나'는 한 줄 댓글로 아는 척한다. 카톡이나 밴드에는 '일상의 내'가 살아간다. 다양한 자아 중에 진정 내 모습이 무엇인지 가치관을 통해 보여줘야 한다.

지원자가 진정 지원 직무를 좋아하는 지, 적합한 인재가 맞는 지를 '지원동기' 또는 유사한 질문을 통해 확인한다. 한 번 채용되면 강제적 퇴사는 정말 힘들기에 기업은 채용에 심혈을 기울인다. 최근 신입사원의 1년 이내 퇴사율이 10명 중 4명이 넘을 만큼 심각한 수준이라는 점도 고려사항이다. 가치관은 면접에서도 자주 등장하는 질문 중 하나이다.

'인성(personality)'은 주인의식과 책임감을 갖고 맡은 일을 잘 수행할 수 있는 지를 점검할 수 있다. 조금 더 세부적으로 살펴보면 성실성을 바탕으로 한 책임감, 직무 중심의 전문가적 기질의 주인의식, 실패를 두려워하지 않는 도전정신, 정직함이나 솔직함과 같은 직업윤리가 인성을 통해 검증된다. 주로 '성장배경(과정)'이나 '성격 장단점', '협업 경험', '갈등 극복사례', '실패에서 얻은 교훈'등의 항목에서 다뤄진다.

'적합성(fitness)'은 조직과 직무에 적합한 인재인지를 알아보려 한다. NCS 기반의 직무 이해도와 직무 수행능력을 다양한 절차와 함께 확인한다. 또 하나는 구성원에 대한 배려와 존중, 절제 등을 통해 잘 지낼 수 있는지를 재차 검증한다. 기업은 사회를 구성하는 또 하나의 공동체이다. 개인전이 아닌 단체전으로 움직여야 할 직무가 상당하다. 이타적 도움으로 완성도를 높일 수 있기에 협업은 21세기에 빼 놓을 수 없는 주요한 화두이다.

05 자기소개서 Road Map

글쓰기는 한 번에 높은 완성도를 구사한다는 것은 현실적으로 어렵다. 유명한 작가도 초고를 작성하고 탈고할 때까지 여러 번의 수정을 거친다. 하물며 전문가도 아닌 일반인이 한 번에 높은 완성도의 자기소개서를 기대한다는 것은 쉽지 않다. 어떻게 하면 자기소개서의 질적 수준을 높일 수 있을까?

아래의 [그림]은 자기소개서 스케치에서부터 완성까지 프로세스에 따라 작성요령을 기술했다. 일단 요령에 따라 당장 시작하자. 스케치가 되어야 색깔을 입힐 수 있다. 생각나는 키워드 중심으로 글을 전개해 보면서 밑그림을 수정하고 색깔을 어떻게 할 것인지 고민하다 보면 점점 완성도가 높아진다. 길을 아는 것 보다 길을 걷는 것이 중요하듯 글쓰기를 시작하는 것이 그 무엇보다 강조되어야 할 부분이다.

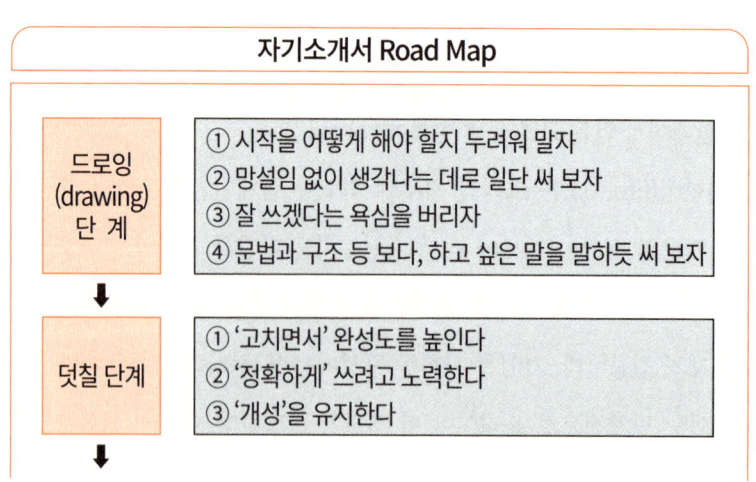

완성 단계	① 보는 맛(공감) 　- 맞춤법, 오탈자, 띄어쓰기 　- 기업명, 지원직무 명확히 기재 　- 소제목 활용하기 　- 들어가기 등 적절한 배열 　- 눈에 띄는 첫 문장 ② 먹는 맛(동감) 　- 두괄식 or 양괄식 　- 사실(짧게)보다 경험, 경험보다 교훈(구체성, 명확성) 　- 같은 단어(문장) 반복 피하기 　- 이력서와 상이한 내용 불가 　- 구체적(숫자, 통계 등) 기술 　- 최근 것, 임팩트 있는 것부터 역순으로 기술 　- 솔직함, 담백함(미사여구 삭제), 용이한 이해 　- 인터넷 용어, 은어, 비속어 금지 ③ 여운의 맛(호감) 　- 다시 읽고 싶은 자기소개서

06 자기소개서 십계명

자기소개서는 몇 가지 원칙만 준수한다면 완성도를 높일 수 있다. 자신만의 색깔이 잘 드러나도록 표현하는 것이 중요하다. 최근에는 인공지능이 서류평가를 한다. 유사한 표현은 인공지능의 알고리즘이 그냥 지나칠 리가 없다. 질문이 의도하는 내용은 분해를 통해 확인하고 작성 로드맵에 따라 초안을 작성하고 덧칠을 하면서 수정한 후에 완성도를 높인다면 좋은 결과를 기대할 수 있다. 아래 <표>는 자신의 얘기가 스펀지처럼 잘 스며들 수 있도록 몇 가지 원칙을 기술한 것이다. 주요한 몇 가지만 살펴보면 다음과 같다.

	자기소개서 작성 십계명
1	대체어를 찾아 소제목이나 첫 문장에 적극적으로 활용한다!
2	두괄식 또는 양괄식으로 기술한다!
3	문장은 단문으로 작성하는 것을 원칙으로 한다!
4	담백하고 솔직한 표현을 활용하며, 평가자 눈높이에 맞는 쉬운 표현을 사용한다!
5	구체성을 최대한 높일 수 있도록 숫자, 통계, 일자, 장소 등을 반영한다!
6	사실보다 경험, 경험보다 인사이트 중심으로 구체적이며 명확하게 기술한다!
7	기업명, 직무명, 띄어쓰기, 오탈자, 쉼표, 마침표 등 기본챙김에 유의한다!
8	기업이 좋아하는 단어를 찾아 활용한다. 홈페이지, 신년사, 기념사, 홍보지 등을 분석한다!
9	경험 종착지는 직무역량이다. 미션, 비전, 인재상과 동일한 방향으로 역량과 인성을 부각시킨다!
10	가장 적합하면서 최근의 경험이나 경력을 스토리텔링한다!

대체어는 소제목이나 첫 문장에 적극적으로 활용한다!

글쓰기는 첫 문장의 완성도를 높이기가 매우 어렵지만 그만큼 중요하다는 의미이기도 하다. 언론사에서 첫 문장은 '리드(lead)'라고 한다. 기자들도 리드 작성에 애를 많이 먹는다. 그 만큼 어렵다. 리드는 제1차 세계대전과 같은 열악한 환경에 의해서 탄생되었지만 첫 문장이 전체 맥락을 좌우한다는 의미에서 그 중요성이 커졌다. 첫 문장이 어떻게 시작되느냐에 따라 글의 맥락이 달라지기 때문이다.

질문의 핵심 키워드를 찾는 것이 우선이다. 역량이든 인성이든 찾아진 핵심 키워드의 느낌에 맞는 유사어나 대체어를 모색해 본다. 특히 자기소개서에서 소제목의 상징성은 큰 역할을 한다.

제목의 사전적 정의는 작품이나 강연, 보고 따위에서 그것을 대표하거나 내용을 개괄적 설명하기 위해 붙이는 이름이다. 그 만큼 제목이 주는 이미지는 매우 강하다. 대체어 작성 연습은 신문 기사 제목을 잘 보면 길이 보인다. 강렬한 제목으로 독자의 눈길을 사로잡는 기자의 번뜩임에서 한 수 배우자.

한강은 태백의 검룡소에서 시작되듯 대체어는 질문에 대한 답변을 쉽고 부드럽게 풀어갈 수 있는 발원지이다. 지원직무가 '경영'이라면 '경영은 오케스트라'라고 소제목을 붙여보자. '오케스트라'라는 단어에서 전개될 내용을 어느 정도 유추할 수 있다.

오케스트라는 개인전이 아니라 단체전이다. 그것도 조화롭게 어울려야 천상의 화음을 만들어 낼 수 있다. 경영이 바로 그런 직무라는 것을 설명하기 위해 '오케스트라'를 선택했다. 대체어는 비유 방법이다. 어느 것에 빗대어 자신의 얘기를 풀어 낼 수 있다면 이 것 만큼 좋은 해법이 어디 또 있을까 싶다.

자기소개서에 자주 등장하는 몇 개의 키워드에 대한 대체어를 표기해 봤다. 이런 방법으로 핵심 키워드를 다른 말로 대체할 때 스토리 전개가 훨씬 수월해질 뿐 아니라 이타적 차별도 덤으로 챙길 수 있다.

핵심 키워드와 대체어(예시)

- 인사 = 퍼즐게임
- 경영 = 오케스트라
- 금융 = 마르지 않는 샘
- 리더십 = 카멜레온
- 회계 = 일기장
- 마케팅 = 플랫폼
- 홍보 = 천리마
- 협업 = 비빔밥
- 문제해결 = 솔로몬의 지혜
- 성실 = 우보만리
- 도전정신 = 가지 않은 길
- 갈등 = G.I.G

대체어가 어떻게 유용하게 활용될 수 있는지는 사례를 통해 확인할 수 있다. '경영은 축구이다'라는 소제목을 시작으로 경영 직무 특성을 강조하면서 동감을 끌어낼 수 있다. 축구는 '골때녀'와 같이 여성들도 적극적으로 동참하는 등 만인의 사랑받는 스포츠로 발돋움하고 있다. 이런 대중적인 대체어를 찾는 것이 공감과 동감을 구하기가 용이하다. 너무 동떨어지거나 한 분야에 치우쳐 있는 듯한 전문적 대체어는 쉽사리 동의받기가 어렵다.

[경영은 축구이다]

경영 직무는 축구와 유사합니다. 축구는 세계 인류의 공통언어인 동시에 노래이자 춤입니다. 노래와 춤은 하나로 만듭니다. 축구는 전 세계인을 열광시키고 하나로 묶는 요술램프입니다. 한 방향을 바라보도록 하는 마술과도 같습니다. 기업은 생존을 위해 목표 달성을 해야 하며 그 역할을 경영직무가 지원합니다.

어렸을 때부터 운동장에서 축구공과 함께 하는 시간이 그 어느 때보다 즐거웠습니다. 축구공은 모르는 형 동생과도 쉽게 어울릴 수 있게 해 주는 매개체였습니다.

> 혼자서는 살 수 없다는 부모님 말씀을 늘 행동철학으로 삼았던 저에게는 축구공은 신과 같았습니다. 축구는 경영직무에서 꼭 필요한 어울림과 협업을 배울 수 있는 계기였습니다.

두괄식 또는 양괄식으로 기술한다!!!

'두괄식'은 첫 문장에 결론을 도출하는 형식이다. '결-기-승-전' 형태의 스토리 전개이다. '양괄식'은 '결-기-승-전-결'처럼 첫 문장에 결론을 기술하고 말미에 다시 한번 강조한다. 이론적으로 배운 것은 '기-승-전-결'의 '미괄식'이다. 왜 배운데로 하지 않고 굳이 두괄식을 강조하는 이유는 뭘까? 자기소개서는 평가자 중심이어야 한다고 설명했다. 평가자가 쉽게 읽고 평가할 수 있도록 구조화해야 한다. 인공지능(AI)이 평가한다면 미괄식도 괜찮을 뿐 아니라 소재 참신성과 차별성만 보장된다면 무방하다.

고민할 점은 아직은 상당 부분 채용 관계자가 자기소개서를 평가한다는 것을 염두에 둬야 한다. 평가자는 동일한 질문으로 구성된 수백 편의 유사한 자기소개서를 읽고 평가해야 하는 부담감을 떠안고 있다. 알고리즘으로 구성된 인공지능이 아니라 감정을 가진 사람이 평가한다는 것을 간과하지 말자. 아무리 재미있는 영화도 하루에 두 번 반복하면 세 번째는 지루하고 몰입도가 낮아진다. 하물며 자기소개서 평가는 '재미'라는 부분이 빠져 있다. '평가'라는 부담감만 잔뜩 짊어지고 하루 종일 유사한 내용을 읽어야 하는데 각 질문마다 끝까지 읽고 평가하리라는 순진한 믿음에서 벗어나야 한다.

화룡점정(畵龍點睛)과 같은 대체어를 찾아서 첫 문장에 결론을 내야 한다. 대체어와 관련한 이유와 근거에 대해 그 다음 문장부터 서술한다면 평가자도 막힘없이 쉽게 읽고 평가할 수 있다. 공감할 수 있고 쉽게 동감할 수 있다. 가능한 두괄식이 좋다. 최근 자기소개서는 약 700자 내외이므로 양괄식으로 표현하기에는 다소 양적으로 버거울 수 있다. 양괄식은 1000자 이상일 때 활용할 것을 권장한다. 두괄식은 선택이 아니라 필수라는 점 꼭 명심하자.

문장은 가능한 단문으로 작성한다!

단문으로 자신의 주장을 펼친다는 것은 글쓰기 어려움 중 하나이다. 접속조사 또는 연결어미 등을 사용하여 복문 사용에 익숙하다. 복문이 익숙하기에 단문 작성이 그만큼 어렵다. 그렇다고 복문이 잘못되었다는 것이 아니다. 자기소개서는 지원자의 뜻이 왜곡되어 전달되는 것을 최대한 방지해야 한다. 복문은 어떻게 받아 드리느냐에 따라 두 가지 이상의 해석이 가능한 '중의성(重義性)' 위험이 도사리고 있다. 글이 갖는 한계점이지만 극복하기 위해서는 가능한 단문으로 기술하는 것이 좋다.

단문의 좋은 사례는 신문의 사설이다. 사설은 자기소개서와 유사한 점이 많기에 가장 훌륭한 멘토이다. 사설의 특징은 첫째, 분량적으로 짧다. 둘째, 숫자를 곁들여 구체성까지 도드라져 이해하기 쉽게 구성되어 있다. 셋째, 단어 선택도 대중성을 고려한다. 이처럼 사설은 자기소개서가 갖춰야 할 '단문'에서부터 '구체적 표현', '쉬운 설명'까지 좋은 교재로 충분한 자질을 갖추고 있다.

사설이 아무리 좋은 교재여도 독자가 활용하지 않으면 '그림의 떡(畵中之餠)'이다. 먼저 사설을 읽고 특징을 분석한 다음 필사를 3개월 정도 한다. 가랑비에 옷 젖듯 필사는 자신도 모르게 글쓰기 기초가 쌓이는 좋은 습관으로 체화된다. 그 다음으로 매일 한 편씩 자신의 얘기를 직접 써 본다. 매일 언론에 노출된 단어 중 눈에 띄는 키워드 하나를 선택해서 700자에서 1000자 사이로 글쓰기를 반복한다. 필사와 병기해도 좋다. 집단토론 면접을 위해 사설을 읽고 동조하는 글과 반대하는 의견의 글 두 가지를 기술해 보자. 이렇게 3개월만 지나면 글쓰기에 대한 포비아에서 조금씩 벗어날 수 있다.

사설이 좋다는 것은 단문으로 구성되어 전달하고자 하는 메시지가 명확하다는 것이다. 자기소개서도 동일해야 한다. 어렵게 찾은 스토리가 왜곡된다면 얼마나 억울하겠는가. 평가자를 탓할 수도 없다. 모든 책임은 지원자에게 귀결된다는 점도 잊으면 안 된다. 최대한 단문으로 구성하면서 자신의 스토리를 충분히 전달할 수 있도록 노력해야 한다.

기업이 좋아하는 단어를 찾아 활용한다!

기업마다 조직문화에 따라 좋아하는 단어나 문장이 있다. 찾을 수만 있다면 나쁠 것이 없다. 기업 내부적으로 활용하는 '사보'나 '신년사'와 '창사기념일'과 같은 기념 축사도 좋다. CEO 인터뷰 자료, 홍보 자료, 언론 보도 자료 등 노출된 각종 게시물을 활용하여 공통단어를 추출하여 비교하면 그 기업만이 사용하는 중독성 있는 단어를 발견할 수 있다. 그 단어를 활용한 스토리 전개도 가치가 있다. 독자인 평가자가 익숙한 단어이기에 거부감이 훨씬 덜할 수 있다. 아니 호감을 가질 수 있는 긍정적 요인이 될 수도 있다.

 규모가 있는 기업은 도서실을 운영하는 곳도 있다. 간절함은 열정을 이긴다고 했다. 기업의 자료실이나 홍보실을 직접 방문하는 것도 시도해 볼 만 한 일이다. 자료실에서 최근 2년 동안 발간된 각종 자료를 검색하자. 홍보실은 조직문화에 대해 확인해 보고 지향하는 분위기가 어떤 것인지 당돌하게 질문해 봐도 괜찮다. 요즘에는 '엄친아'와 같은 유형보다 '협력하는 괴짜'로 불리우는 자유분방한 사고의 소지자이면서 창의적 인재가 더 선호받는다. 이타적 괴롭힘이나 불편함을 초래하지 않는 범위 내에서 자신의 필요한 부분을 확보할 수 있는 간절함이 더 높은 가치를 부여받는다. 당돌함이 나쁘게만 평가되는 것은 아닌 세상에 우리는 살고 있다.

Chapter 2

SUCCESS 면접전략

01 우리 회사에 적합한 인재일까?

면접은 우리 회사에 적합한 인재인지를 알아보기 위해 지원자를 살펴보는 과정이다. 인성과 역량을 다각도의 질문과 관찰을 통해 평가한다. 지원자는 자신감과 충분한 준비로 면접에 대비해야 한다. 면접의 유용성에 대해 의문을 제기하는 사람들도 있다. 그 짧은 시간에 어떻게 적합성을 판단할 수 있는 지에 대한 의심의 눈초리를 보낸다. 판단할 수 있다는 것보다 최선을 다해 가장 적합한 인재를 선택하기 위해 불가피한 절차라고 보는 것이 더 합리적인 해석일 것이다.

면접은 지원자의 입사의지가 진정성 있는지를 확인하는 과정이기도 하다. 잠재된 역량을 평가하고 인성을 알아보는 탐색시간이다. 이력서와 자기소개서를 기초로 단점을 파악하려는 시도나 자기소개서에 기술된 내용의 진위여부를 확인하려고 다양한 절차를 진행하는 것 모두가 '적합도'를 알아보기 위함이다. 대기업은 역량과 인성을 골고루 알아보려 노력하지만 중소기업은 인성 위주로 본다는 것이 다수설이다.

   중소기업이 가장 어렵고 힘들어 하는 것이 입사한 지 얼마되지 않아 퇴사하는 부분이다. 신입사원이 전문가로 육성되는 과정에 투자되는 시간과 비용은 중소기업 입장에서는 부담일 수밖에 없다. 성장 가능성이 있는 인재이면서 협력하는 지원자가 기업이 눈독을 들이는 인재이다. 주로 인성을 통해 함께 근무할 수 있는지와 협력하면서 원만하게 잘 지낼 수 있는지 여부를 파악하는 데 주안점을 둔다.

02 면접에도 지켜야 할 예절이 있다

   면접은 가능하면 간절함을 보여 주는 것이 좋다. 면접은 사회 진출하기 위한 관문 중 하나이다. 관문을 통과할 때 지켜야 할 기본예절이 있다. 예절을 지키는 것이 간절함의 첫 걸음이다. 채용 담당자가 꼴불견으로 꼽고 있는 것도 기본예절에 어긋난 행동이다. 신호등은 교통안전을 위해 지켜야 하듯 면접에서 기본예절을 준수하는 것은 자신의 역량과 인성을 제대로 뽐내기 위함이다. 면접장은 지원자에게 '불편한 곳'이다. 평가받기 위해 말한다는 것이 더욱 불편할 수 있다. 허나 감내해야 하는 자리가 면접장이다. 그래서 에티켓은 더욱 지켜야 한다.

   첫째, 지각은 절대 금물이다. 2021년 잡코리아가 조사한 자료에 따르면 꼴불견 1위가 면접시간에 늦은 지원자이다. 그 만큼 신뢰도가 낮아진다. 면접은 우리 회사에 적합한 인재가 맞는지 여부를 알아본다고 설명했다. 입사의지가 있는지를 확인한다고 했다. 지각은 채용 담당자의 의지를 단숨에 꺾는 행위이다. 지정된 시간보다 약 20분 정도 일찍 와서 면접장 분위기, 첫인상을 좌우할 수 있는 옷맵시 등을 마무리 하는 등 준비하는 것이 여유있게 면접에 응할 수 있다.

둘째, 과도한 제스처, 무의미한 제스처는 안하는 것만 못하다. 제스처는 메라비언 법칙에서 첫 인상을 좌우하는 요소 중 55%에 해당될 만큼 중요한 포인트이다. 다만 제스처가 너무 과도하면 진정성을 의심받을 수 있고 뭔가 불안한 것 같다는 오해를 받을 수 있다. 아울러 아무런 의미를 찾을 수 없는 제스처는 산만해 보일 수 있고 무성의한 면접태도로 평가될 수 있기에 조심해야 한다.

셋째, 차분하지만 당당한 목소리로 답변한다. 목소리는 자신을 나타내는 도구이다. 자신감이 찬 목소리는 당당해 보이고 답변 내용에 신뢰감을 준다. 반대로 목소리가 작아서 평가자가 귀 기울여야 한다면 부정적일 수 있기에 소리 크기는 중요한 요소 중 하나이다.

또 하나는 말의 높낮이에 해당하는 억양이다. 동일 또는 유사한 높이의 억양을 유지하면 지루해질 수 있다. 말이 길어지면 산만해질 수 있다. 집중도가 떨어지는 원인이기에 지원자의 진정성이 제대로 전달되기가 쉽지 않다. 적당한 높낮이와 한 문장이 끝나면 잠시 쉬었다가 다음 얘기를 풀어내는 억양과 기술적 시간 조절이 필요하다.

넷째, 명확하고 구체적으로 설명한다. 면접위원이 고민한다는 것은 좋은 답변이나 태도가 아닐 수 있다. 면접위원이 '이것이 맞을까'라는 생각하는 순간 정작 지원자가 얘기하는 주요 내용을 놓칠 수 있다. 굳이 지원자는 무모한 모험을 해야 할 이유가 없다. 면접위원이 궁금해 하는 내용에 대해 명확하고 구체적으로 설명하면 된다. 자기소개서 작성요령과 동일하다. 들었을 때 바로 이해가 되고 고개가 끄덕일 수 있는 공감과 동감이 되는 스토리를 명확하고 구체적으로 설명해야 한다.

마지막으로, 잘못된 것 또는 단점은 깔끔하게 인정하자. 면접은 이력서나 자기소개서 중심으로 단점을 찾아서 집요하게 파헤치려는 시도가 더 많다. 밝은 면보다 어두운 면에 더 집착하는 경향이 강하다. 자기소개서의 단점이나 발언 과정에서 면접위원이 사회적으로 도덕적으로 잘못된 것을 바로잡아 준다면 흔쾌히 잘못을 인정하는 것이 좋다. 다만 진정성을 담아 잘못을 인정해야 한다. 면접에서 피해야 할 것 중 하나가 '변명'이다.

짧은 시간에 자신의 생각을 설명하면서 방어한다는 것은 여간 어려운 것이 아니다. 변명은 상황을 구차하게 할 뿐 아니라 부정적 이미지가 더 크게 부각될 수 있다. 깔끔하게 인정하고 재발하지 않도록 최선을 다하겠다는 의지를 보이는 것이 좋다.

	면접 기본 에티켓 다섯 가지
1	지각은 절대 금물이다.
2	과도한 제스처, 무의미한 제스처는 안하는 것만 못하다.
3	차분하지만 당당한 목소리로 답변한다.
4	명확하고 구체적으로 설명한다.
5	잘못된 것 또는 단점은 깔끔하게 인정하자.

03 자기소개는 사전 공개된 질문

　대부분 기업은 면접장에서 자기소개할 기회를 준다. 본격적 면접 시작 전에 긴장감을 풀어 주면서 준비한 것을 충분히 발휘할 수 있도록 자기소개 기회를 부여한다. 일부 기업은 모든 질문과 답변이 종료된 말미에 못다 한 얘기를 표현할 기회를 주기도 한다. 대부분 면접 시작 전에 자기소개할 시간적 기회를 30초 또는 1분 남짓 준다. '자기소개'는 오픈 북(open book)처럼 이미 사전에 공개되어 있는 질문으로 자신만의 차별화된 프로필을 소개할 수 있는 기회이기에 더욱 중요하다.

　첫째, 차별화된 자신만의 역량을 홍보하는 기회이다. 면접의 첫 포문을 여는 것이나 마찬가지이다. '나는 이런 사람이다'라는 것을 알리는 기회이다. 면접위원에게 첫 인상을 각인시키는 아주 중요한 시간이다. 기업의 인재상에 가까우면서 원하는 유형에 가장 근접하는 차별화된 경험 또는 가치관 등을 부각시킨다. 남들과 유사한 내용은 감흥이 없다. 추상적 표현은 별 의미가 없다. 자신의 장점을 나열식으로 열거하는 것은 면접위원의 관심을 끌 수 없다. 30초인 경우에는 1가지, 1분이면 유사하지만 다른 경험 2개를 갖고 소개하는 것이 좋다.

　둘째, 첫 발표 문장에 승부수를 던져라. 면접위원은 발표자의 초반 내용에 귀를 기울인다. 첫 문장에서 호감을 받지 못한다면 뒤의 내용에는 깊은 관심을 보이기 쉽지 않다. 녹음기가 재생하듯 유사한 내용을 수십 번 듣는다면 어떻게 될까? 자기소개서 작성하듯 두괄식으로 첫 문장에 결론을 발표하고 그 이유를 세 가지로 설명한다.

셋째, 가능한 단문으로 답변한다. 면접도 자기소개서와 마찬가지로 복문 또는 중문으로 구성된 내용은 '중의성'이 발현될 수 있기에 가급적 피하는 것이 좋다. 잘못하면 내용이 꼬이기 쉽다. 키워드 중심으로 준비한 내용에 담백하게 앞뒤 상황을 설명할 수 있는 한두 단어로 문장의 완성도를 높이는 것이 가장 효과적이다.

넷째, 지나치면 모자람만 못하다. 자신의 장점을 돋보이게 하기 위해서 끌어올 수 있는 온갖 미사여구 동원해서 치장한다고 해서 차별화가 되는 것이 아니다. 오히려 독이 될 수 있다. 무엇을 얘기하려는 것인지 핵심 파악이 어려울 뿐 아니라 부족한 역량 또는 인성을 메우려는 시도로 진정성까지 의심받을 수 있다. 지나친 것은 모자람만 못한 경우가 많다. 선을 넘어서는 행동은 하지 않는 것이 좋다.

마지막으로, 간절함이 절실한 자세가 좋다. 간절함은 열정을 이긴다. 한 때는 열정만 있으면 되었다. 이제는 열정을 넘어선 간절함이 대세이다. 정말 입사 의지가 강하다는 것을 보여줄 수 있는 시간이 자기소개이다. 이 시간을 절대 놓치지 말고 지원 회사에 꼭 필요하며 적합한 인재라는 것을 부각시켜야 한다.

자기소개의 중요성 다섯 가지	
1	차별화된 자신만의 역량을 홍보하는 기회이다.
2	첫 문장에 승부수를 던져라.
3	가능한 단문으로 답변한다.
4	지나치면 모자람만 못하다.
5	간절함이 물씬 묻어나는 자세가 좋다.

04 면접 질문의 기본 유형

　면접이 난감한 것은 무엇을 물어볼지 모른다는 것이다. 미리 질문내용을 공개한다면 철저하게 준비할 수 있겠지만 역량과 인성 등 다양한 질문이 있을 것이라 상상하니 긴장할 수밖에 없다. 허나, 질문의 유형은 크게 세 가지이다. 세 가지 범주를 벗어날 수 없는 것이 면접질문의 한계이다. 한계라는 표현이 다소 어색할 수 있겠지만 질문의 범위에 대해서는 Part 2의 Chapter 3 '기업은 이것이 알고 싶다'에서 자세히 다룬 내용을 참조하면 된다.

　세 가지 유형으로 첫째, '지원자에 대한 질문'이다. 이력서와 자기소개서가 근간이 된다. 지원동기, 성장배경, 성격장단점, 경험이나 경력사항, 입사 후 미래 포부와 같은 질문이 여기에 해당된다. 면접 질문은 지원자의 장점을 칭찬하기 보다 단점을 찾아내려는 경향이 강하다. 또 하나는 진정성을 포함한 진위여부를 확인하려는 시도이다. 단점은 인정하고 보완방법에 대해 지금까지 실행해 왔던 부분과 현 상태, 앞으로 어떻게 대처할 것인지에 대해 구체적이고 명확하고 밝히면 된다. 입사의지에 대한 진정성도 간절함을 담아 또박또박 표현해야 한다.

　둘째, 지원기업에 대한 질문이다. 기업 관심도로 표현할 수 있다. 기업 관심도는 무엇을 담으면 될까? 제품에 대한 이해도와 기업의 최근 이슈에 해당되는 미시적에서부터 산업의 트렌드 파악과 같은 거시적 정보까지 두루 섭렵한다면 걱정할 것이 없다. 짧은 시간에 속 깊은 질문은 쉽지 않다. 연구원과 같은 특수직무인 경우에는 일대일 단독형 면접을 진행하므로 전문적 지식과 함께 깊고 넓은 다양한 질문이 나올 수 있지만 일반적으로 넓이에 치중하는 경향이 강하다.

마지막으로 직무에 관한 질문이다. 직무도 기업을 이해하기 위한 준비 절차나 내용면에서 유사하다. 지원 직무 특성을 알아야 한다. 자신이 적합한 인재라는 것을 홍보하기 위해서는 반드시 이 부분을 간과할 수는 없다. 업무가 어떻게 처리되는지 간략하게나마 업무처리절차에 관심을 갖는다면 면접위원 질문에 당황하지 않을 것이다. 아울러, 협업의 관점에서 이타적 업무와 어떤 연관성이 있는지에 대한 사전 조사이다. 쉽지 않은 영역이지만 NCS 홈페이지의 직무개요에 대한 설명을 유심히 살펴보면 연관성 높은 직무를 발견할 수 있다. 또한 지원직무 특성을 이해했다면 이것도 도움이 된다.

여기에서 하나 짚고 넘어가야 할 것은 '돌발질문'이다. 지원자가 가장 당황스러울 수 있는 상황이 연출될 수도 있다. 그러나 걱정하지 말자. 돌발질문은 답변한 내용에 대해 확인하는 차원에서 한 번 더 깊이를 더 할 뿐이다. 거짓으로 꾸며낸 스토리만 아니라면 충분히 대응할 수 있다. 혹시 잘 모른다면 솔직히 인정하면 된다. 지나치면 모자람만 못하다고 했다. 거짓은 무조건 탈락의 지름길이라는 점 잊어서는 안 된다.

이 범주를 벗어날 수가 없다. 한정된 시간에 지원자 중심의 질문이 집중되기에 더 많은, 더 깊은 관심을 가질 수 없다. '사전조사'를 통해 확실한 준비가 되어 있다면 면접은 오히려 지원자를 잘 알릴 수 있는 마케팅 기회로 활용할 수 있다. 간절함이 열정을 이기듯 충분히 준비된 자만이 마지막에 웃을 수 있다. 질문유형을 요약 정리하면 [그림]과 같다.

질문범위와 평가항목

인성과 역량	주인의식	적합도
• 진정성(인성) • 업무수행능력 - 경력사항 - 지식과 경험 • 성과와 인사이트	• 가치관 - 인생(삶) - 직업 • 직무 주인의식(애착 정도) • 기업 관심도	• 개인성향 및 특성 • 조직문화와 조화로움 • 변화 적응력 • 구성원과 원만함

05 첫 인상이 당락을 좌우한다?!

이 말이 사실일까? 첫 인상만 좋으면 무조건 합격할 수 있을까? 이 한 줄의 문장이 갑자기 혼란을 가중시킬 뿐 아니라 정체성을 흔들어 놓을 수도 있다.

첫 인상이 당락에 엄청난 영향을 준다는 사실을 강조한 것이다. 첫 인상은 '표정, 태도, 자세, 인상, 언어'에서 표현된다. 그 중 가장 중요한 것은 표정과 태도, 인상이다. 면접장 문을 열고 들어가서 자리에 앉아 인사할 때까지는 언어적 의사전달 방법이 없다. 표정과 태도, 인상이 전부이다. 비언어적 표현이 추후 진행될 면접에 선입견으로 영향을 줄 수 있다는 점에 유념해야 한다.

첫 인상의 중요성을 설명하는 두 가지 이론

　첫 인상의 중요성과 관련하여 빼 놓을 수 없는 두 가지 이론이 있다. 첫째, '초두효과'이다. 초두효과는 솔로몬 애쉬의 실험에서 비롯되었다. 초두효과는 짧게는 0.3초에서 길게는 3분에 걸쳐 구분 되어지므로 '초두효과의 3-3-3 법칙'이라고도 한다. 호감과 비호감으로 구분 되어지는데 소요시간은 0.3초이다. 첫 인상이 결정되는 데에는 3초, 목소리와 대화방식 등 청각적 요인에 의한 두 번째 인상이 결정되는 데까지 30초, 종합적으로 인상을 최종 판단하는 데에는 3분이면 충분하다는 것이 초두효과이다. 비슷한 정보가 뇌에 계속 들어 올 경우 맨 처음 들어온 정보가 가장 기억에 남는 현상을 의미하는 것으로 첫 인상이 그만큼 중요하다는 것을 강조한다.

　시각적 효과에 관한 또 하나의 이론은 '메라비언 법칙'이 있다. 사회심리학과 엘버트 메라비언(Albert Meharabian)교수가 1971년 《침묵의 메시지(Silent Messages)》를 출간한 이후 그가 제시한 비언어적 소통의 중요성은 '메리비언의 법칙'으로 공식화되었다. 첫 인상에 있어서 태도와 같은 시각적인 요소가 55%, 목소리 등 청각적 요인이 38%, 언어적 요소가 7%를 각각 차지한다고 밝혔다.

　면접과 언어적 요소는 불가분의 관계이고 아주 중요하다고 생각했는데 첫 인상 결정 요인으로는 그렇지 않다는 것이다. 태도와 같은 시각적 요소가 55%로 첫 인상을 결정짓는다. 면접장 문을 열고 자리에 앉을 때까지 특별히 언어적 요소가 반영될 틈새가 거의 없다는 것을 감안할 때 의도적이라도 첫 인상에서 좋은 이미지를 심어 줄 필요가 있다. 굳은 표정보다는 부드러운 인상이 긍정적이다. 평소에 거울을 보면서 반복 연습을 해야 한다.

지원자가 면접장에서 긴장하지 않는다는 것은 대단한 용기이다. 면접위원도 그 상황을 알기에 면접장에서는 다양한 멘트로 긴장감을 풀 수 있도록 유도한다. 자신의 메시지를 가감없이 표현하는 최종 목적지라 여기고 여유있게 준비하자. 그래야 얼굴의 근육이 풀려 자연스럽게 보일 뿐 아니라, 그동안 준비해 왔던 메시지를 잘 전달할 수 있다. 결국 자신감이 얼굴을 비롯한 온 몸으로 표현되는 것이 면접위원과 첫 대면에서 보여줄 수 있는 지원자의 첫 인상이다.

일반적으로 첫 인상이 결정되는 데에는 7초 정도 소요된다고 한다. 면접장 문을 열고 자리에 앉기까지 걸리는 시간이다. 7초 안에 면접위원들에게 긍정적 시그널을 심어줘야 한다. 부정적 시그널을 긍정적으로 바꾸려면 48시간이 소요된다. 면접은 평균 1시간이다. 혹 1박 2일로 하는 경우도 있지만 흔치 않다는 점을 고려할 때 첫 인상을 바꿀 수 있는 시간적 기회는 없다. 그래서 더욱 첫 인상이 중요하다.

잡코리아가 2021년 7월에 인사담당자 249명을 대상으로 '면접관 결정의 시간'을 주제로 설문조사한 결과 첫 인상을 비롯해 합격을 결정하는 데 소요되는 시간은 평균 15.9분이라고 했다. 불합격자가 판가름되는 데에는 이보다 훨씬 짧은 9.4분으로 분석 결과를 내놓았다.

'다대다' 집단형 면접 진행시간이 60분이라고 가정한다면 합격은 1/4시간만에, 불합격자는 1/7시간만에 결정된다. 결국 면접 초반 10분이 대단히 중요하다는 것을 알 수 있으며 첫 인상이 당락 여부의 연결고리라는 것을 새삼 느낄 수 있다.

긍정적 첫 인상은 이렇게!

면접장에 입장하는 순간부터 면접위원들은 매의 눈으로 첫 인상을 탐색하고 제출한 서류와 진위여부를 검색한다. 첫 인상이 중요한 것은 지원자의 당당함과 자신감의 표현이라는 것과 지원회사에 적합한 인물임을 강조하는 순간이기에 더욱 강조된다. 이미지메이킹 방법으로는 '목소리, 제스처, 눈 맞춤'이 주요 요소라 할 수 있다.

첫째, 목소리는 차분하면서 자신감이 묻어나야 한다. 메라비언 법칙에서 청각적 요소가 판단에 영향을 미치는 정도는 38%로서 시각적 요소와 합칠 경우 93%라는 무시할 수 없는 수치이다. 목소리는 자신감을 나타내는 도구이다. 또박또박 패기있고 자신감 있게 답변하는 것이 그 어느 것보다 우선한다. 면접위원들이 목소리가 채용 결정에 영향을 미친다는 의견이 10명 중 9명이 될 정도로 높은 비중을 차지한다. 자세한 내용은 기본 에티켓을 참조하면 된다.

둘째, 제스처이다. 제스처는 자신의 이야기를 더 이해하기 쉽고 풍성하게 하는 효과가 있다. 지나치면 모자람만 못하다. 제스처는 자신의 이야기뿐 아니라 이타적 의견에도 반드시 필요한 요소이다. 동의하거나 이해한다는 의미에서 고개의 끄덕임은 '저는 다른 지원자의 발표에 집중하고 있습니다'라는 표현이다. 과하거나 무의미한 제스처는 하지 말자. 아니 하지 않도록 사전에 충분한 연습을 해야 한다. 기본 에티켓에서 설명한 내용을 다시 한 번 꼼꼼히 살펴보자.

셋째, 눈 맞춤(eyecontact)이다. 말할 때에는 상대방 눈을 보고 해야 한다는 것은 커뮤니케이션의 기본이다. 다른 방향을 본다는 것은 진실성이 결여되었거나 자신감이 부족할 때 흔히 나타나는 행동이다. 대화는 상대방의 눈을 보면서 할 때 신뢰도가 높아진다. 면접에서는 면접위원의 눈을 피해서는 안 된다. 이 또한 긍정적 첫 인상을 굳히는 데 도움이 된다. 면접위원들이 첫 인상에서 호감형의 특징을 '눈 맞춤'으로 선택했다는 것도 주요 요소이다. 질문한 면접위원과 아이컨택은 당연하고 주위 면접위원과도 아이컨택을 통해 준비된 지원자임을 강조할 필요가 있다.

이처럼 목소리와 제스처, 아이컨택은 자신감을 표현하는 수단이자 준비된 지원자라는 것을 부각시키는 좋은 수단임에 틀림없다. 첫 인상은 충분한 연습으로 해결할 수 있다. '어떻게 되겠지'와 같은 막연함과 로또 당첨과 같은 '혹시나'와 같은 기대감으로는 면접에서 좋은 결과를 기대하기 어렵다. 이 또한 지식이 아니라 기술 영역임을 분명히 밝힌다. 기술은 흘린 땀의 양과 비례한다는 것을 잊지 말자.

06 인사담당자가 뽑은 호감형과 비호감형은?

인사담당자는 기업에 가장 적합한 인재를 선발하는 것이 한 해 목표 중 중요도 우선 순위에 해당될 만큼 각별한 관심을 갖는다. 손이 마주쳐야 소리가 나듯 인사담당자가 쏟는 열정만큼 지원자도 호응할 때 좋은 결과를 기대할 수 있지만 그렇지 못한 경우도 다수 발생하는 것이 면접장의 현실이다. 2021년 7월 잡코리아가 면접위원으로 참여한 경험이 있는 인사담당자 249명을 대상으로 지원자 중 호불호에 대한 설문조사를 실시하고 발표했다.

			최악의 꼴불견 지원자	
순위	유 형	비호감율	내 용	
1	지각형	36.9%	약속된 면접 시간보다 늦게 도착한 지원자	
2	무기력형	23.7%	자신 없는 태도로 일관하는 무기력한 지원자	
3	성의부족형	19.7%	회사에 대해 아는 정보가 별로 없는 지원자	
4	주의산만형	15.3%	면접에 집중하지 못하는 주의가 산만한 지원자	
5	동문서답형	14.1%	질문의 취지와 아무 상관없는 답변을 하는 지원자	
6	과시형	9.6%	지원서나 면접 답변 내용의 진위가 의심스러운 지원자	
7	거두절미형	9.6%	면접위원이나 다른 지원자의 말을 끊는 지원자	

　면접을 대비한 기본 에티켓과 SUCCESS 면접법 길라잡이를 참조하면 최악의 꼴불견 유형은 피할 수 있다. 면접은 기업에 가장 적합한 인재를 선발하기 위해 살피는 과정이라고 설명했다.

　면접위원들은 긴장감을 갖고 다양한 방법으로 탐색과 검색을 진행하므로 지원자도 최선을 다하는 모습을 보여주는 것이 중요하다. 이번에는 면접위원들이 호감을 갖는 지원자 유형을 보면서 어떻게 준비해야 할지 모색해 보자.

순위	유형	비호감율	내용
	호감형 지원자		
1	'사전준비'형	36.9%	회사정보를 미리 파악하고 본인이 궁금했던 사항을 잘 정리해 질문하는 지원자
2	'끝까지 최선'형	23.7%	끝날 때까지 포기하지 않고 최선을 다해 답변하는 지원자
3	'솔직담백'형	19.7%	모르는 질문에는 솔직히 모른다고 답하는 지원자
4	'미리미리'형	15.3%	면접시간 10분 전에 도착해 준비하는 지원자
5	'귀트임'형	14.1%	면접위원이나 다른 지원자의 말도 경청하는 지원자
6	'차분'형	9.6%	면접장 안팎에서 차분하고 단정한 태도를 유지하는 지원자
7	'할말만 딱'형	9.6%	묻는 질문에만 간결하게 대답하는 지원자

'이왕이면 다홍치마'라고 했다. 입사하기 위해 서류 준비와 면접 연습까지 최선을 다했다. 좋은 결과를 기대하는 것이 당연하다. 꼴불견보다는 호감형이 되기 위해 각고의 노력을 게을리하지 말자. 조금만 더 신경을 집중한다면 분명 좋은 결과를 기대할 수 있다.

07 다양해지는 면접 유형

면접은 점점 다양화되고 있다. 4차 산업혁명과 디지털이 기존 일자리를 대체하기도 하지만 새로운 일거리를 창직하면서 종전과 다른 인재상을 요구하는 경향이 사회 전반적으로 강하게 번지고 있다. 일거리와 일자리가 새롭게 변신하는 만큼 적합한 인재를 찾기 위한 면접 종류와 유형도 전방위적으로 파생되면서 다양화되고 있다는 점을 부인할 수 없다. 불과 몇 년 전만 하더라도 1차 실무자 면접, 2차 임원면접으로 이뤄졌지만 지금은 달라졌다. NCS가 자리잡고 직무 중심의 인재 채용이 트렌드가 되면서 업종별 특성을 고려한 면접 유형이 활발하게 생성되고 있다.

면접은 적합도를 평가하기 위한 마지막 관문이다. 면접 종류는 기술발전과 사회의 다양성에 힘입어 다차원으로 파생되고 있다. 지금까지 인성면접, 역량면접, 토론면접, 프리젠테이션 면접이 기본유형이었다면 스타트업 또는 플랫폼기업, IT 기업 등을 중심으로 다양한 면접방법이 개발되고 있다. 직무 특성을 반영한 면접도 있다. 스타트업의 면접 특징은 직무 중심이다. 새롭게 선보이는 스타트업 면접유형은 '인재 확보'를 넘어 '인재 활용'이라는 역량 중심의 면접으로 취준생들을 더욱 긴장하게 만든다.

스타트업의 이색면접

면접자가 실제로 BJ가 되어 방송을 직접 진행해 보고 면접위원은 촬영된 영상을 보면서 평가한다. 머리에 저장된 지식보다 실제적으로 현장 활용 여부에 방점을 둔 평가방식이다. 선배직원들과 같은 시간에 출근해 자리를 배정받고 하루 동안 주어진 업무를 수행하면서 기술적 역량과 잠재력을 평가받는 방식도 있다. 또 다른 방법으로 지원자가 상품기획자(MD)가 되어 가상의 파트너에게 전화로 업무를 해보는 시뮬레이션 방식으로 현직 상품기획자(MD)들이 파트너사 역할을 맡아 실제 일어날 수 있는 다양한 상황을 연출하면서 지원자의 순발력과 문제해결 능력 등 역량을 가늠해 보는 면접 유형도 있다.

식품기업의 이색면접

　기존 기업들이 새롭게 선보인 면접유형도 직무 중심이다. 종전의 인성 중심에서 역량으로 전이되었음을 알 수 있고 '알고 있는 것'에 국한된 것이 아니라 '할 수 있는 것'에 집중한다는 의미가 크다. 지식의 '알고 있는 것'에 경험이 덧되어질 때 '할 수 있는 것'이 가능해진다. 4차 산업혁명 시대에는 경험을 빼 놓고 얘기할 수 없음을 깨닫게 되는 부분이다.

　'관능(官能) 면접'은 파리바게뜨를 운영하는 SPC가 2004년도부터 선보인 '관능테스트'가 주안점이다. 관능은 인간이 느낄 수 있는 오관(시각·청각·후각·미각·촉각)과 감각 기관의 작용으로 'function, sense' 등으로 표현된다. 식품업계는 오관과 감각기능이 다른 업종보다 뛰어나야 한다는 직무 특성을 반영한 면접이다. 식품에 얼마나 관심있는지, 생산되기까지 과정에 대한 이해도를 평가하는 방법으로 투입되는 재료를 소재로 테스트한다.

　세븐 일레븐의 '도시락 면접'도 이색적이다. 도시락 시식 후 평가하는 면접이 아니라 지원자의 참신한 아이디어를 보겠다는 의도이다. 세븐 일레븐은 편의점을 운영하므로 1인 가구 증가와 바쁜 현대인의 니즈를 반영하여 지원자가 직접 도시락을 기획하고 조리까지 참여하면서 메뉴의 독창성과 참신성, 마케팅 가능성까지 평가하는 방식이다.

　식품기업 팔도는 '라면 시식면접'을 실시한다. 자사 라면을 상표를 제거하고 시식하게 하고 맛에 대한 평가와 문제점이 무엇이고 어떻게 개선하면 좋을지에 대해 토론한다. 라면은 국민 모두의 애호식품으로 종류가 기하급수적으로 확산되면서 생성과 소멸 주기가 빨라지고 있다는 업계 특성을 고려한 선택이라 할 수 있다.

주류 기업의 '음주 면접'

주류 생산기업은 약간의 음주를 곁들인 '음주 면접' 방식을 채택한다. 술은 기호식품으로 개인마다 취향이 다를 뿐 아니라 음주량에도 차이가 있다. 술자리는 조금 더 깊이 있는 대화를 통해 지원자의 다양한 측면을 보려고 하는 의도와 평소의 습관을 알기 위한 방법일 수 있다. 음주면접에서 조심해야 할 것은 '독불장군형'이나 '나 홀로형'이다. 혼자서 좌중의 얘기를 모두 휩쓸겠다는 지나침은 안 된다. 또, 전체 대화에 끼여들지 못한다면 원만한 성격이 아니라는 방증일 수 있기에 밝고 명랑하며 친화적이라는 분위기를 풍기는 것이 중요하다. 그렇다고 긴장감을 늦추라는 말은 아니다.

합숙면접과 영상면접

'합숙 면접'도 있다. 일부 금융회사가 오랫동안 실시해 온 면접방식이다. 보통 1박 2일로 실시한다. 첫 날 모임장소에서부터 다음날 퇴소하는 그 시간까지 일거수일투족이 평가 대상이다. 원만하게 잘 지내는지, 독특한 아이디어를 소지한 지원자인지, 집단토론과정에서는 이타적 배려와 존중을 갖추면서 자신의 얘기를 피력하는지 등 다양한 관점에서 조직문화의 적합도를 평가한다. 평소대로 행동하되 긴장감을 늦추지 말고 불필요한 행동은 자제하는 것이 바람직하다. 최근 유독 조심해야 하는 것은 평소 표현력이다. 친구들과 지낼 때 편하게 사용하는 카톡 용어 또는 은어 사용은 피해야 한다. 또 사회적으로 파급력이 큰 '괴롭힘'을 연상시키는 언행은 절대 금물이다.

'영상 면접'도 특이하다. 대부분 대면면접 또는 화상면접으로 진행하지만 일부 항공사의 경우 인스타그램을 이용하여 지원자가 자기소개 또는 채용 공고에 제시된 질문에 답하는 모습을 촬영한 영상물을 보고 평가하는 방식이다.

다양한 기법을 활용할 수 있다는 장점도 있지만, 반대로 첫 인상으로 시선을 한번에 사로잡을 기회가 없다는 단점도 있다. 표정과 언어적 전달력이 평가의 주요 포인트라는 점에 주안점을 둬야 한다.

이처럼 기업마다 독특한 면접방식을 고수한다. 조직문화는 경영철학이 반영되므로 기업마다 다르다. 다름에 적합한 인재를 선택하기 위해 다양한 면접방식을 유지한다. 잘못된 것이 아니라 다름으로 접근해야 한다.

다름은 어떻게 바라볼 것인지의 시각적 관점과 얼마나 오랫동안 형성되어 왔는지 시간적 측면에서도 다름을 찾을 수 있다. 또, 얼마나 집중해서 몰입하느냐 시야적 관점에서 다를 수 있다. 다름은 지원자가 어떻게 수용할 것인지에 따라 차이가 날 뿐 틀린 것은 아니다.

08 면접유형별 개념과 대응전략

면접은 이색면접까지 다양화되고 있다는 것을 확인했다. 모든 유형별로 대응전략을 다루면 좋겠지만 기본유형의 면접을 통해 기본기가 갖추어진다면 이색면접은 상황에 따라 위에서 언급한 유념할 점만 잘 챙기면 된다. 인성면접, 프리젠테이션 면접, 토론면접이 무엇인지, 무엇을 알고 싶어하는 것인지, 지원자는 어떻게 대응하면 되는 것인지에 대해 분석해 보자.

인성면접이란?

인성면접은 면접의 가장 기본유형이자 중요한 평가 요소 중 하나이다. 면접은 대상자의 인성과 역량을 탐색하는 과정이다. 인성은 조직과 직무의 적합도를 파악하는 수단 중 하나이다. 면접은 독백이 아니라 대화와 소통으로 자신의 강점과 적합성을 이해시키는 과정이다. 면접위원은 지원자 발표 과정에서 단점을 발견하고자 애를 쓴다. 내용의 진위여부를 확인하려는 노력을 게을리하지 않는다.

인성면접은 첫 인상에서부터 태도와 직무역량을 평가 대상으로 하며 면접위원이 궁금해 하는 또는 확인해 보고 싶은 요소로 구성되어 있다. 인성면접의 주요 영역은 태도와 역량이다. 태도는 가치관과 연관된 직업관, 적극성, 원만한 협조, 언행에 대한 신뢰와 책임감 정도이다. 역량은 태도와 결부되어 자기주도적으로 목표설정에서부터 성과 창출까지 가능한지, 업무처리는 답습형인지 창조형인지도 중요한 평가대상이다. 아울러, 대인관계의 설득에 있어서 논리적이며 사고력을 갖추었는지도 협업의 판단기준이다.

성과 창출은 역량도 중요하지만 태도도 빼 놓을 수 없는 요소 중 하나이다. 태도는 자기소개서의 내용을 다시 한 번 면밀히 살펴보고 직업관, 적극성, 협조성, 신뢰와 책임감과 연관된 예상질문을 구성하고 연습하는 것이 바람직하다.

첫째, 직업관이다. 직업관은 직무 적합도를 판단하는 잣대이기도 하지만 입사의지를 확인할 수도 있다. 직업에 대한 지원자의 가치관이 잘 드러날 수 있는 부분으로 자기소개서의 '입사 동기'나 '입사 후 미래 포부'에 잘 반영되어 있어 면접위원은 확인절차를 진행한다.

둘째, 난관에 봉착했을 때 극복하려는 의지를 평가할 수 있는 '적극성'이다. 개인이든 조직이든 늘 탄탄대로만 있을 수는 없다. 언제 어디서 돌발변수가 발생할지 모른다. 특히, 4차 산업혁명 시대에는 불확실성으로 인한 걸림돌이 산재해 있다. 적극성이 그 어느 때보다 요구된다고 해도 과언이 아니다. 자기소개서에서는 '경험 또는 경력사항'이나 '성장 과정'에서 유사한 질문을 한다. '가장 어려웠을 때가 언제였는지와 어떻게 극복했는지'에 대해 답을 요구한다. 어렵다는 기준이나 극복한 방법이 적극성과 창의성 모두를 보여주는 사례라 할 수 있다.

셋째, 원만한 관계 유지를 위한 협조성이다. 기업은 기본적으로 성실한 인재를 선호한다. 성실성은 근면함을 기반으로 형성된다. 사람의 힘이 생산수단이었던 시절에는 농경적 근면이 으뜸이었지만 그 공간을 기계가 대체하면서 근면함과 성실함은 기초적으로 갖추어야 할 필수조건이 되었다. 그 어느 때보다 깊고 길어지는 불확실성은 부서별·직무별 보이지 않는 벽 허물기를 원한다. 협업이다. 협업은 개인 또는 파트가 추구하는 것이 유사할 때 가능하다. 하나 더 필요한 것은 배려와 존중할 줄 아는 성격이다. 독불장군형이나 나홀로형은 기업 입장에서는 난감하다. 협업은 먼저 자신의 일에 최선을 다해야 한다. 무임승차(free rider)는 원망의 대상이라 협조하기가 쉽지 않다. 자신의 직무에 대한 이해도가 높고 무엇을 해야 할지 역할과 범위에 대해 책임감 있게 완수할 때 이타적 협조가 가능해진다. 경험이나 경력사항, 성과 부분에 대해 기술한 자기소개서 내용에 대해 진위여부를 확인한다.

인성면접은 지원자의 직무적합도를 판단하는 첫 시험대이다. 적합도에서 통과되면 기존직원과 원만하게 지낼 수 있는지와 조직에 새바람을 불러일으킬 수 있는 참신한 아이디어를 소지했는지, 책임감 있게 실천할 수 있는 적극성은 어느 정도인지를 파악하고 최종적으로 판단하는 과정이다. 지원자의 다양한 인성을 360도 다면평가 방식에 준하는 다각도로 바라본다.

인성면접과 준비사항

지원자는 자기소개서를 철저하게 분석해야 한다. 홈페이지의 인재상과 경영철학 등에 비춰 예상질문과 답변자료를 작성해야 한다. 연습만이 살길임을 다시 한 번 강조한다. 연습과정에서 지켜야 할 것은 바른 언어습관이다. 자기소개서는 수정할 수 있는 기회가 있지만 면접은 바로잡을 시간적 여유가 없다. 평소 친구들과 사용하던 비속어, 인터넷 단어와 같은 일상적이지 않은 말은 하지 않도록 충분한 연습이 필요하다.

아울러, 직무 관련 용어는 가급적 기초적 수준에서라도 활용할 것을 권장한다. 직무 적합도를 평가함에 있어서 긍정적 영향을 줄 것이다. 깊이 있는 지식과 경험이 없다고 하여도 높은 관심으로 비춰질 수 있다는 점에서 기초용어는 익히고 준비하자.

답변 준비는 색다른 것이 아니라 자신이 경험했던 것 중 최근의 일이면서 임팩트가 강했던 소재를 기반으로 하면 된다. 경험에서 얻은 인사이트가 어떤 것인지 키워드를 추출하고 미래지향적으로 어떻게 영향을 줄 수 있는 지에 대해 예측하는 내용을 표현하면 된다.

프리젠테이션 면접

프리젠테이션 면접은 왜 필요할까? 직무적합도 검증방법 중 일환이다. 직무 적합도를 판단하는 키워드로 질문을 명확히 이해하는지에 대한 '논리적 사고력', 문제를 이해하고 적절히 대응하는 전략적 '창의력', 대안을 제시하는 '문제해결 능력', 면접위원에게 전달하고 설득하는 과정의 '발표력'과 '소통 능력'이 평가 항목이라 할 수 있다.

다양한 평가 요소로 구성된 프리젠테이션은 기업에서 중요하게 다루고 있는 항목 중 하나이다. 특히, 다중을 대상으로 발표하는 경우에는 서면보고가 아니라 프리젠테이션을 이용해 경영진이나 고객에게 설명한다. 그런 의미에서 기업에서는 프리젠테이션 면접은 필수 과정이자 앞으로 더 확산될 것으로 본다. 이 방법이 선호되는 이유는 효율적이며 효과적으로 전달할 수 있다는 데에 있다. 단순한 발표가 아니라 시청각 자료를 이용해 훨씬 쉽게 이해를 도모하고 설득력 있게 전달할 수 있는 장점이 있기에 더욱 그렇다. 프리젠테이션 면접은 질문에 대한 이해를 통해 문제점을 명확히 파악하고 이 문제를 해결하기 위한 문제해결 능력으로 참신성 있는 아이디어를 추출하면 된다.

프리젠테이션 면접은 대부분 면접장에서 주제를 부여받고 15분 내외 정도 준비를 한 다음 발표와 질의 응답 순으로 진행된다. 이 부분을 도식화하면 [그림]과 같다.

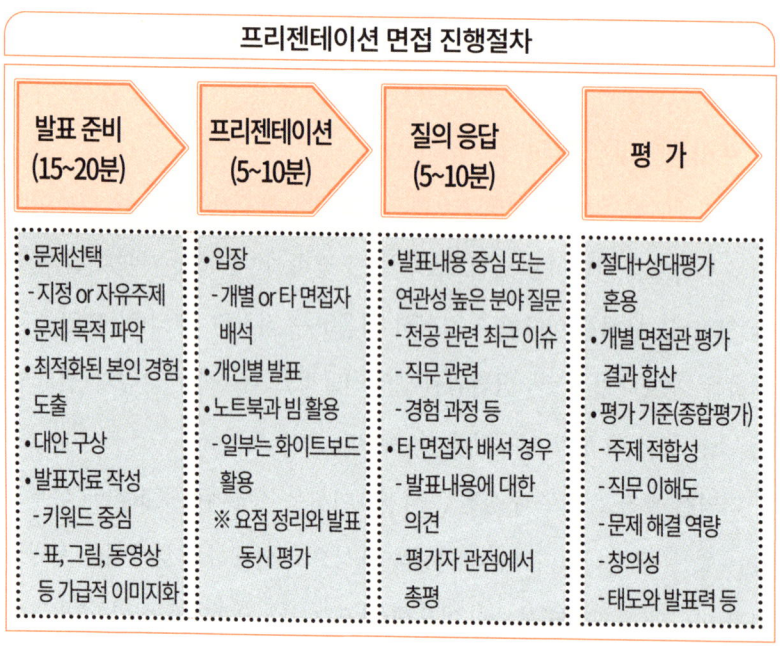

프리젠테이션 면접에서 실패하는 사례에는 일정한 패턴이 있다. 서론이 길거나 결론에서 뚜렷한 대안을 제시하지 못하는 경우, 확신 편향으로 자

신의 수준에 맞춰 발표하는 경우, 자신감 결여된 발표 태도 등 일상에서 자주 접할 수 있는 패턴이다. 조금만 더 유의하면서 연습을 한다면 충분히 좋은 결과를 도출할 수 있다.

프리젠테이션 면접 실패 공통점

- 서론이 길다. 발표시간 대부분을 서론으로 충당한다.
- 본론과 결론이 유사하다. 결론에서 대안을 제시하지 못하고 현황 및 문제점만 열거한다.
- 면접위원의 시선을 회피하려는 인상을 준다.
- 발표내용에 가치관에 기초한 생각, 소신, 확신, 목표, 고민의 흔적을 찾기가 쉽지 않다.
- 발표할 때 범용성 있는 단어보다 자신만이 이해할 수 있는 단어를 활용한다.
  - 이 것, 저 것, 그 것 등 무엇인지 명확히 알 수 없는 내용의 단어 반복
- 발표 도중에 자신감이 결여된 행동을 자주 보인다.
  - 손이 자꾸 올라간다.
  - 부자연스러운 행동을 자주 한다.
  - 면접위원과 아이컨텍을 잘 하지 못한다.
  - 말을 더듬고 문장을 반복해서 발표한다.
- 확신 부족으로 불필요한 수식어 활용이 높다.
  - 사실, 진짜, 솔직히, 진실된, 진정 등

프리젠테이션 면접과 준비사항

면접은 면접위원이 질문하고 지원자가 답변하는 형식이다. 프리젠테이션 면접은 다르다. 제시된 문제를 이해하고 지원자가 가장 적합한 이야기로 발표하고 청중이 면접위원이다. 면접위원이 듣고 의문이 있거나 확인하고 싶은 부분을 질문으로 이어진다. 발표내용 준비는 면접위원이 원하는 수준과 스토리는 어떤 것일지 상상해 보는 것에서 출발하자. 아울러, 여러 번 강조하지만 면접은 정답을 맞추는 자리가 아니라 자신의 가치관에 근거한 견해를 밝히는 곳이다.

프리젠테이션 면접은 질문에 해법을 찾아 발표하되 총론적 관점에서 그 질문이 주는 깨달음을 찾는 것도 방법 중 하나이다. 면접위원이 색다르게 받아들일 수 있다. 아울러, 엉뚱하지만 가능성이 있어 보인다고 판단되면 유사한 사례를 통해 확인해 주는 방법도 추천할 만하다. 프리젠테이션 준비방법으로 첫 번째는 '간결함'이다.

짧은 시간 안에 지원자의 의견을 피력하는 것은 녹록치 않다. '서론-본론-결론' 또는 '기-승-전-결'로 하든 '왜(why), 무엇을(what), 어떻게(how)'로 풀어도 된다. '왜'는 검토배경에 해당된다. 질문이 제시된 것을 나름 분석해서 검토배경으로 기술한다. '무엇'은 현황과 문제점이다. '왜'를 좀 더 각론적으로 설명해 주는 단계라 할 수 있다. '어떻게'는 해결방안이자 종합대책이다. 이렇게 간결하게 도식화해서 설명할 때 이해하기 쉽다.

한 가지 더 추가한다면 프리젠테이션 장점을 최대한 활용한다. 그림, 영상과 같은 도식화를 활용해 입체적으로 전달하면 쉽게 이해할 수 있고 발표자 의도도 명확히 전달될 수 있다. 프리젠테이션 면접의 주제는 회사가 당면하고 있는 문제점이 확률이 높다. 지원회사 또는 연관산업과 관련된 이슈를 분석하고 연관된 기사를 검색해서 준비한다면 좋은 결과를 기대할 수 있을 것이다.

집단토론 면접

실무자의 역량중심 면접과 임원의 인성중심 면접으로 모든 것을 파악할 수 있지 않을까? 집단토론 면접은 실무자와 임원 면접에서 다루지 못하는 또는 세밀하게 알 수 없는 영역을 파악하기 위함이다. 집단토론 면접은 질문을 위한 면접위원은 없다. 철저하게 관찰하고 평가만 할 뿐이다. 지원자 상호간에 활발한 토론이 이루어진다. 지원자만 참여하는 토론이기에 상대를 대하는 태도와 전체 토론을 이끌어 가는 지식수준, 발표내용에 대한 논리력과 사고력, 제3자에게 전달하기 위한 표현력과 소통 능력이 평가 대상이다. 이외에도 다양한 평가요소가 있다. 집단토론 면접은 다른 유형과 달리 면접 과정에서 가장 많은 요소를 확인하고 점검할 수 있다는 장점을 가지고 있다.

집단토론 면접에서도 중요한 것은 질문의 '핵심파악 능력'이다. 문제 본질을 모르면 토론에 참여할 수가 없다. 무엇을 물어보는지 이해가 되지 않는데 어떤 의견을 내놓을 수 있겠는가? 질문의도 파악에는 논리력이 필요하다. 토론 주제가 무엇을 의미하는 것인지 명확하게 파악하는 것은 논리적일 때 가능하다. 나무가 똑바로 서 있으려면 나무줄기가 곧게 뻗어야 가능하듯 논리적으로 주제를 분석하고 체계화시키는 것이 가장 중요하다.

둘째, '설득력'이다. 자신의 얘기를 다른 지원자가 이해할 수 있도록 쉽게 설명해야 한다. 확증편향적 발언은 이타적 설득을 방해하면서 토론을 끊어지게 한다. 토론은 제한된 시간 내에 끊김없이 활발하게 이어져야 하므로 명확하고 구체성을 담아 개방형으로 이타적 지원자에게 설득력 있게 전달해야 한다. 커뮤니케이션 능력을 검증할 수 있는 수단이기도 하다.

셋째, '조정능력'이다. 토론은 무조건 동조하거나 반대하는 세력만 존재하는 것이 아니다. 또한 상대방 의견 전체보다 부분적으로 동의 또는 달리할 수 있다. 이럴 때 발휘되는 것이 다름을 인정하는 배려와 존중이다. 또한, 협상력도 힘을 보탠다. 일방적 폐쇄형 질문으로 토론이 자주 끊길 때에는 매끄럽게 이어갈 수 있는 리더십의 조정능력을 보여줘야 한다. 위기를 기회로 전환하는 능력을 보여 줄 때 평가위원은 매의 눈으로 주목한다.

넷째, '경청'이다. 이타적 발표에 험악한 인상을 보인다거나, 딴 짓을 하면 감점대상이다. 경청을 해야 토론에 참여할 기회가 생긴다. 경청은 토론의 꼬리물기에 적합한 태도이다. 이타적 발표에서 색다른 의견을 제시하고자 할 때에는 주위를 빠르게 스캔하고 손을 들고 자신의 의견을 차분하면서 자신감 있는 어조로 발표한다. 이런 행위는 경청할 때 가능하다. 그렇지 않으면 앞선 발표자와 엉뚱한 방향이 될 확률이 높다. 자신만의 발표에 집중하다 보면 이런 실수를 할 확률 또한 높아진다.

토론면접은 짧은 시간이지만 지원자의 순발력에서부터 이타적 배려와 존중, 토론이 잠시 중단될 때 위기대처능력과 리더십, 자신의 설득력 있는 발표와 같은 소통능력 등 다양한 검증 요소를 갖고 있기에 활용도가 점점 증가하고 있다. 동아리나 유사 업종에 지원하는 준비생들과 함께 집단토론 면접을 준비해 보는 것은 어떨까 싶다.

집단토론 면접과 준비사항

집단토론 면접 주제는 시사성이 높은 주제이거나 기업이 맞닥뜨린 현안과 같은 유형이다. 시사성과 관련된 주제는 사회적으로 무리를 일으키지 않는 범위 내에서 다룰 수 있는 주제이다. 정치성향이 강한 주제, 종교적 연관성이 높은 주제, 세대간 성별간 관련된 이슈 등 사회적 반향을 일으킬 만한 주제는 제외된다. '주52시간 개편에 대한 의견'과 같은 것이 시사성과 연관된 주제로 선정될 수 있다.

운영은 찬반 두 그룹으로 나뉘어 열띤 토론을 유도하거나 팀별 과제를 주고 결론을 도출하는 방법도 있다. 토론에서는 '안된다', '틀렸다'와 같은 단정적이면서 부정적 단어는 사용하지 않는 것이 좋다. 토론의 맥이 끊길 뿐 아니라 이타적 감정을 건드릴 수 있는 위험성이 내재되어 있기 때문이다.

지원자는 언론 기사를 통해 반복성이 높은 사회적 이슈 중에 정말 사회적 의견을 물어볼 만한 주제를 선정하여 다양한 의견을 키워드 중심으로 조사하고 분석한다. 만약 지원기업의 현안에 대한 문제가 제시되는 것을 대비한다면 기업 SWOT분석을 통해 약점이면서 위기(WT)이거나 장점이지만 위기(ST)인 경우가 무엇인지 파악한다. 원인이 무엇인지 분석하고 발전방안에 대해 나름 대책을 강구한다. 사전에 조사와 분석이 없다면 집단토론 면접에서 충실한 답변은 용이하지 않을 뿐 아니라 심도있는 토론을 하기가 쉽지 않다. 집단토론 면접은 그 어느 면접보다 많은 노력과 준비가 필요하다. 집단토론 면접에서 지켜야 할 것은 무엇일까?

첫째, 개방형 질문을 활용한다. 2000년대 진입하면서 지원자 중심의 상호간 치열한 논쟁을 전개하는 집단토론 면접이 생성되었다. 팬데믹에 의해 온라인 면접이 진행되는 동안 잠시 소강상태였지만 엔데믹 전환 초기인 2022년 가을부터 다시 집단토론 면접이 부활하고 있다.

집단토론 면접에서 가장 조심해야 할 것은 '폐쇄형 질문'이다. 면접장 토론은 결론을 도출하는 과정이 아니다. 지원자의 가치관과 태도를 가늠하는 시간이다. 굳이 내 말이 곧 결론이라고 하는 '폐쇄형 질문'은 집단토론 면접에서 절대 하지 말아야 할 행동이다. 점심시간이 끝나고 사무실로 돌아가는 길에 만난 팀장과 대화에서 '개방형 질문'과 '폐쇄형 질문'을 비교해 보고 폐쇄형 질문을 왜 하면 안 되는지 그 이유를 찾아보자.

폐쇄형 질문	지원자 : 팀장님. 식사하셨습니까? 팀　장 : 네 지원자 : ??????
개방형 질문	지원자 : 팀장님. 오늘 점심에 어떤 것을 맛있게 드셨나요? 팀　장 : 날씨가 풀려서 비빔밥을 먹었는데 시금치가 맛있더라구요. 지원자 : 건강식을 드셨네요. 겨우내 추위를 견딘 시금치는 건강에 　　　　 좋다고 하더라구요. 팀　장 : 다음 주에 시간 약속하고 같이 가시죠. 강추!!!

'개방형 질문'은 'O, X'의 답을 원하는 것이 아니라 이야기가 연결될 수 있도록 소재를 만들어 가는 유형이다. 토론장에서 상호 의견을 나눌 수 있는 소재가 단절된다면 어떻게 될까? 지원자도 채용 담당자도 당황스러운 상황에 직면하게 된다. 토론 없는 집단토론 면접장을 상상해 보자. 얼마나 난감할까 싶다. 다양한 의견이 갑론을박으로 풍성해질 때 집단토론 면접은

성황리에 마무리될 수 있다. 풍성한 집단토론 면접의 백미는 '개방형 질문'이다. '네, 아니오'와 같이 토론이 이어질 수 없는 유형의 '폐쇄형 질문'은 무조건 피해야 한다.

둘째, 순발력이 신의 한 수다. 만약 다른 지원자의 폐쇄형 질문으로 갑자기 토론장이 정적으로 머물 때에 어떻게 하면 될까? 바로 순발력이 힘을 발휘할 때이다. 집단토론 면접의 주제는 대부분 그 당시 사회적으로 이슈가 되는 것을 선택한다. 2023년도에는 '주52시간 근무제 개선'에 대해 찬반 토론을 진행할 수도 있다. 토론이 다음과 같은 상황에 직면한다면 지원자는 어떻게 행동할 것인지 곰곰이 생각해 보자.

> 찬성(A) : 저는 주52시간 근무제 개선에 동의합니다. 4차 산업혁명 시대는 그 어느 때보다 다양성이 강조되는데 전 산업을 일률적·획일적 기준으로 적용하는 것은 무리라고 봅니다.
> 반대(B) : 저는 반대입니다. 아직은 사용자와 근로자가 대등한 관계가 아닙니다. 분명 근로자의 건강과 휴게시간이 박탈당할 확률이 높다고 봅니다.
> 찬성(B) : 지원자 '반대(B)'는 무조건 반대한다는 겁니까?
> 반대(B) : 네.
> (잠시 토론이 진행되지 않는 상황에 직면)

순발력이 필요한 시기가 바로 지금이다. 이 때 토론이 이어질 수 있도록 이음새를 연결해 주는 리더십이 필요하다. 현재 직면한 상황을 인정하고 주제에 벗어나지 않는 범위 내에서 각자의 다양한 의견을 버무릴 수 있도록 문을 활짝 여는 '개방형 질문'으로 다음 토론을 주도한다면 채용 관계자는 가슴을 쓸어내릴 것이다.

> 찬성(C) : 각자 상황에 따라 받아들이는 정도가 다를 겁니다. 무조건 반대하시는 지원자도 계실 것이고, 이것만 해결된다면 수용할 수 있다는 의견도 있을 수 있습니다. 저는 찬성(A)의 의견과 반대(B) 의견을 절충하면 어떨까 싶습니다. 기업마다 자율성을 부여하되 근로자의 건강을 보장하는 휴게시간 확보할 수 있는 방안으로 말입니다. 혹시 다른 의견 있으시면 말씀주시면 고맙겠습니다.

순발력은 통찰력에서 비롯된다. 토론 과정 전체를 조망하면서 언제 어떻게 조율해야 하는지를 알 때 순발력의 저력이 발휘될 수 있다. 자신의 답변에만 몰두하다 보면 좋은 기회를 놓칠 수 있다. 면접장에서는 정신을 바짝 차려야 한다. 호랑이에게 물려가도 정신만 차리면 살 수 있다고 했다. 집단토론 면접의 상황은 언제 어떻게 변할 수 있을지 모른다. 자신에게 어떤 기회가 찾아올지 모른다. 정신을 집중해서 한 번 찾아온 기회를 충분히 내 것으로 만드는 순발력과 지혜가 필요하다.

셋째, 균형 감각 있는 발표시간 할애가 중요하다. 집단토론 면접에서 혼자 발표를 독과점하는 지원자를 볼 때가 있다. 그럴 때면 너무 안타깝다. 집단토론 면접은 협업의 가능성과 조직 내에서 다른 구성원과 잘 지낼 수 있는지 등을 알아보는 자리이다. 집단토론 면접의 의미를 망각한 행동이 아닐까 싶어 안타깝다. 집단토론 면접의 기본 인성은 '배려'와 '존중'이다. '다름'을 이해하고 인정할 때 토론이 가능해진다. 토론의 잣대가 '옳고 그름'이 되는 순간 '폐쇄형 질문'이 될 뿐 아니라 독과점 형태로 진행될 확률이 높아진다. 토론이 아닌 시시비비를 가리는 시간으로 흘러갈 수 있다. 무조건 피해야 한다.

집단토론 면접은 지원자 모두가 골고루 발언할 수 있도록 기회가 균등해야 한다. 지원자 스스로 발표를 주저하는 경우를 제외하고는 말이다. 반대로 의욕이 앞선 지원자는 채용 관계자의 주의를 받을 때까지 독주하는 경우도 있다. 균형감각 있는 토론을 하기 위해 몇 가지 준수해야 할 사항이 있다.

첫째, '시간 준수'이다. 집단토론은 참가 인원에 따라 다를 수 있지만 보통 60분 내외이며 8~10명 수준이다. 1인당 평균적으로 6~8분 정도 할애되고 발표시간이 1분 정도라고 하면 발표 횟수는 6번에서 8번까지 가능하다. 이 시간을 준수하려고 노력해야 한다. 키워드 중심의 단문으로 발표하는 연습이 필요하다는 것을 깨닫게 된다.

둘째, '맥락 파악'이다. 토론은 자신의 생각대로 전개되지 않는다. 수시로 답변 준비를 조정해야 한다. 다만 한 가지 유념해야 할 것은 토론 진행 방향을 준수하려는 노력이 필요하다. 주제의 큰 틀에서 벗어나지 않는다면 말이다. 답변은 앞에서 설명한 것처럼 키워드 중심이 바람직하다. 전체 문장을 고민하다 맥락을 놓칠 수 있을 뿐 아니라 발표할 적기를 상실할 수도 있다. 준비된 키워드 앞뒤로 내용을 충실히 보완하면서 자신의 의견을 피력하는 것이 중요하다.

셋째, '겸손함'과 '자신감'이다. 이것은 굳이 집단토론 면접에서만 강조될 것은 아니다. 다만 다른 지원자와 직접 대면하는 집단토론 면접은 더욱 상대방을 존중해야 한다. 비슷한 또래의 지원자들이 함께 하는 자리여서 편안한 모습으로 토론에 임할 수 있어 혹시나 하는 마음으로 되짚어 본다. 상대방 지원자의 의견을 인정하면서 자신의 다른 의견을 피력하는 겸손함은 스스로를 돋보이게 한다. 자신감은 자신의 의견에 힘을 실어준다. 자신감이 결여된 발표는 뭔가 허전하고 신뢰가 가지 않는다. 채용 담당자나 상대방에게 강한 인상을 남기기가 쉽지 않다. 표현에 힘이 실리고 또박또박 자신의 의견을 피력하는 연습이 필요하다.

넷째, 다른 지원자 발표에 귀 기울여야 한다. 면접은 지원자 본인의 발표도 중요하지만 이타적 의견에 귀 기울이는 것도 본인 발표 만큼 중요하다. 다수의 지원자에게 공통된 질문을 하고 앞선 발표 내용에 대해 자신의 의견이 어떠한지 물어보는 경우에 대비하기 위함이다. 자신의 답변 준비에 골몰하다 보면 이타적 발표를 놓치기 쉽다. 이럴 때 발표내용에 대한 꼬리 물기 질문이 이어지면 낭패를 볼 수 있기에 조심해야 한다.

자신의 답변 준비도 벅찬데 이타적 의견까지 경청해야 한다는 것은 너무 가혹할 수도 있다. 다만 일터에서 실제 발생하는 모습을 보면 결코 무리한 요청이라고 할 수는 없다. 일터는 쉼 없이 돌아간다. 사무실이든 생산 현장이든 하루가 정말 어떻게 지나가는지 모를 정도로 바쁘게 움직인다. 그 와중에 다른 구성원의 의견에 답을 해야 할 때가 종종 있다. 그룹 미팅할 때에는 이타적 의견에 대안을 제시해야 하는 경우도 있다. 협업의 가능성을 가늠해 보기 위한 방편이라는 점에서 충분히 인정될 수 있는 수준이다.

답변 준비는 어떻게 하는 것이 효율적일까? 어떻게 하면 이타적 의견도 경청하면서 동시다발적으로 발표 준비까지 가능할까? 답변은 키워드 중심이다. 가능한 세 가지 관점에서 설명할 수 있도록 키워드를 준비하는 것이 바람직하다. 문장은 자기소개서 작성 요령 중 하나인 '단문' 형식을 빌려 설명한다. 글쓰기에서는 복문이 쉬울 수 있으나 면접에서는 잘못하면 내용이 두서없이 전개될 수 있다. 키워드 중심의 단문 구성은 이타적 의견을 청취할 수 있는 시간적 여유를 만들어 준다.

> 지원자 ○○○번 면접위원님의 '리더십 경험사례'에 대해 답변 드리겠습니다. 리더십은 카멜레온입니다. 수시 변화하는 상황에 적합한 맞춤형이어야 합니다. 2022년 8월 여름방학 때 15명이 경기도 이천 농촌 봉사활동을 다녀왔습니다. 봉사활동은 저에게 세 가지 깨우침을 줬습니다.
> 첫째, 둘째, 셋째 ~~~~

이타적 의견에 대한 '꼬리물기 질문'의 답변에서 의견의 '다름'에 대안 제시는 바람직한 발표 자세이다. 다만 '옳고 그름'을 발표 잣대로 활용하면 다른 지원자에게 공격적으로 보일 수 있으므로 피하는 것이 좋다. 면접은 정답을 추구하는 자리가 아니라고 누누이 강조했다. 정답이 있는 질문에 대한 답변은 옳고 그름이 판단의 대상이지만 지원자의 의견을 물어보는 질문에 대한 답변은 '다름'과 '차이'를 기준으로 설명하는 것이 올바르다.

> 지원자 ◯◯◯번 의견도 일리가 있습니다만 저의 생각은 조금 다릅니다. 리더십은 상황에 따라 달라져야 한다는 것이 저의 생각입니다. 그 이유는 시간이 촉박할 때에는 카리스마 리더십이, 평상시에는 오센틱 리더십 등 일터의 여건에 따라 다르다고 봅니다. 리더십은 수학공식처럼 일정한 패턴을 보이는 것은 아니라는 생각입니다

09 SUCCESS에서 길을 찾다!

'SUCCESs'라는 용어는 칩 히스와 댄 히스의 《스틱! 1초 만에 달라붙는 메시지, 그 안에 숨은 6가지 법칙》에서 소개되었다. 필자는 칩 히스와 댄 히스의 6가지 원칙에 하나를 덧되어 '성공하다'에 방점을 두고 'SUCCESS'를 완성하여 활용한다. 일부 항목은 칩 히스와 댄 히스의 제목과 유사할 수 있지만 내용은 면접을 대비한 것으로 다른 각도에서 바라봤다는 것을 미리 밝혀 둔다. 아울러, 일부 항목은 앞에서 설명한 '기본 에티켓'과 '자기소개'와 중첩되는 내용도 있다. 그 만큼 중요할 뿐 아니라 지켜야 할 규칙이라고 마음에 새겨두면 좋겠다.

면접은 지식과 기술, 태도 중 '태도(attitude)'에 집중한다. 학습과 훈련을 통해 단련된 면접위원의 구조화 질문에 어떻게 자신의 의견을 그것도 제한된 시간 내에 이해하기 쉽고 논리적으로 풀어내느냐가 관건이다. 지원자가

면접에서 가장 적대시해야 할 것은 '긴장'이다. 긴장은 근육뿐 아니라 생각마저 얼어붙게 한다. 잘 아는 것도 긴장하면 생각이 나지 않는다.

필자가 경험한 안타까운 사례도 긴장감으로 면접장에서 자신의 의견을 충분히 발표하지 못한 예이다. 긴장 완화를 위해 충분한 시간을 줬지만 역부족이었다. 그것도 한 번이 아니라 그 다음 해에도 면접장에서 만났다. 긴장감 해소를 위해 백화점이나 마트에서 모르는 사람을 붙잡고 얘기하는 등 나름 연습을 많이 했다고 부연설명을 했으나 긴장감으로 인해 자신의 의견을 피력하지 못하는 안타까운 사례였다.

면접은 그만큼 어렵다. 연습만이 살 길이다. 면접은 자신의 얘기를 진솔하게 홍보하면서 면접위원을 설득하는 자리이다. 주제는 자신의 것이지만 설득 방법은 면접위원들의 눈높이에 맞춰야 한다. 단순한 것 같지만 쉽지 않다. 자신의 이야기를 피력했을 때 다른 방향으로 받아들이거나 이해한다면 낭패이다. 이런 경험이 면접장에서 반복되면 안 된다. 그런 실수를 최소화할 수 있는 'SUCCESS 면접 길라잡이'를 소개한다.

SUCCESS 면접의 길라잡이

항 목		정 의
Simplify	단순성	단문으로 구성해야 한다.
Uniqueness	독특성	차별적이며 독특한 경험이어야 한다.
Curiousity	호기심	면접위원으로부터 호기심을 불러 일으킬 수 있는 소재여야 한다.
Credibility	신뢰성	스토리의 믿음과 언행에 진정성 등 신뢰성이 담보되어야 한다.

Essence	본질	질문의 본질에서 벗어나지 말아야 한다.
Specific	구체적	스토리는 구체적으로 제시되어야 한다
Storytelling	스토리	하나의 스토리텔링으로 엮어져야 한다.

첫째, '단순성(Simplify)'이다. 메시지의 단순성이 전달력이 높다. 메시지의 단순성은 미사여구와 같은 군더더기를 제거하면 가능해진다. 단문이 정답이다. 단문은 명확하게 주제만 전달하는 장점이 있다. '중의성(ambiguity)'은 애매하고 불명확한 전달로 오해할 수 있을 뿐 아니라 판단 오류의 진원지가 될 수 있다. 면접은 짧은 시간에 많은 메시지를 전달하고 확인하는 시간이다. 중의성은 숨은 진주를 찾으려는 기업 입장에서도 지원하는 피면접자에게도 득이 될 것이 하나도 없다. 모두가 피해야 할 대상으로 단순성이 그 해법이다.

둘째, '독특성(Uniqueness)'이다. 인재 확보가 주요 목적이었던 3차 산업혁명 시대까지는 독특한 경험이 오히려 독이 될 수 있었지만 21세기에는 주목받는 요소이다. 가능한 남들과 차별화될 수 있는 독특한 경험이나 인사이트를 활용한다. 임팩트 있는 키워드 중심으로 전달력을 높이는 것이 좋다. 검증하기도 쉽지 않고 진정성도 의심받을 수 있는 두루뭉술한 사례는 피해야 한다.

셋째, '호기심(Curiousity)'이다. 호기심은 독특함이 곁들여질 때 더욱 강해지며 면접위원의 질문으로 이어질 확률이 높다. 면접 예비문제로 활용할 수 있다는 장점도 있다. 호기심은 동전의 양면성을 띄고 있다. 지원자 입장에서는 호기심을 경험한 사례이고 면접위원은 호기심에 관심을 갖고 경청하면서 다음 질문을 준비한다. 사실 흔치 않은 일이기는 하지만 사전에 구조화 질문을 통한 연습을 한다면 그렇게 어려울 것도 없다. 호기심은 지원자를 두드러지게 보이게 하는 조력자임에 틀림없다.

넷째, '신뢰성(Credibitity)'이다. 신뢰성은 면접에서만 강조되는 것이 아니다. 일상에서 신뢰가 있어야 대화가 된다. 믿을 수 없는데 무슨 얘기를 할 수 있겠는가? 신뢰가 없다면 진일보한다는 것은 기대하기가 어렵다. 누누이 강조하지만 채용 과정에서 신뢰를 잃는다는 것은 '불합격'의 증표이다. 신뢰성은 단문으로 발표할 때 높아질 수 있다. 문장이 길면 이해가 달라질 수 있으므로 전달하고자 하는 메시지 중심으로 짧고 굵게 발표할 것을 권장한다.

다섯째, '본질(Essence)'이다. 답변은 질문에 적합할 때 위력을 발휘한다. 본질이 흐려져서는 안 된다. 질문의 의도에 벗어나면 아무리 달변이라고 해도 무용지물이다. 본질에 충실해야 한다. 그러기 위해서 면접위원의 질문을 명확히 이해하려는 노력이 있어야 한다. 이해가 잘 되지 않거나 모를 때에는 다시 한 번 재차 질문을 통해 확인해야 한다. 본질을 벗어난 답변은 아무런 의미가 없다.

여섯째, '구체적(Specific)'이다. 구체성은 이 책의 주제어 중 하나이다. 구체적이어야 한다고 여러 번 강조했다. 짧은 시간에 적합도를 판정하기 위해서는 검증이 필요하다. 검증은 무엇인가 확인할 수 있어야 가능하다. 구체성이 확인 수단 중 하나이다. 확인한다는 것은 신뢰도를 높이고 다른 지원자와 차별성을 부각시키는 수단이다. 시기, 인원, 통계와 같은 숫자나 프로젝트명이나 지역과 같이 신뢰성을 높일 수 있는 구체성이 곁들여져야 면접위원의 공감과 동감을 구할 수 있다.

　마지막으로, '스토리(Strorytelling)'이다. 모든 것은 하나의 이야기로 엮어져야 한다. 아무리 독특하고 신뢰성이 있다고 해도 하나의 얘기가 되지 않는다면 판단하기가 쉽지 않다. 조각난 얘기를 면접위원이 하나씩 모아 퍼즐 맞추듯 정성을 기울여 줄 것이라는 것은 기대조차 하지 말아야 한다. 짧은 시간에 많은 지원자를 보고 판단해야 하는 면접위원으로서는 무모한 모험이자 쓸데없는 행동이라 폄하할 수 있다. 지원자가 자신의 얘기를 하나로 묶어 내는 역량이 필요하다.

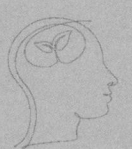

에필로그

'고기 잡는 방법'으로
기하급수 시대를 대비하라!

취업 준비 발원지는 '고기 잡는 방법' 이해

　꽤 오랜 시간 일터(workplace)와 대학교 강단을 오가면서 취업 준비에 몰두하는 대학생들을 마주해 왔다. 캠퍼스에는 낭만과 추억이라는 두 단어 대신 한숨과 함께 골머리를 앓는 모습이 교차된다. 어떻게든 도와주고 싶다. 조직에서 체득한 다양한 경험과 학문적 이론을 학생들이 잘 체화할 수 있도록 다양한 방법을 시도해 왔다.

　고기를 잡아 주기도 해 봤다. '고기 잡아 주는 방법'은 짧은 시간에 멘토링을 할 수 있다는 장점이 있는 반면에 상황변화에 대처능력이 현저히 떨어진다는 것을 확인할 수 있었다. '고기 잡는 방법'을 이해하려면 시간이 다소 걸린다. 과거 데이터와 정보를 검색하고 현재 자신의 모습에 대해 사색하고 미래 계획을 탐색하는 일련의 과정에 꽤 많은 시간과 노력이 뒤따라야 한다. 검색과 사색, 탐색은 자신의 스토리텔링을 쌓아 가는 과정이다. 서말씩이나 되는 구슬을 자신의 얘기로 차근차근 이어갈 수 있는 기초작업으로 그 무엇보다 중요하다. 수학공식을 이해하는 것과 같은 이치이다.

효율적 취업준비는 질적 개념의 「일만 시간 법칙」으로

취업준비 멘토링을 하면서 가장 안타까운 것은 '고기 잡아 주겠지'와 '이 질문에는 무엇이 정답일까?'라는 그릇된 인식이다. 무조건 바꿔야 한다. 취업준비는 스스로 고기를 잡아야 할 뿐 아니라 정답도 있는 것이 아니다. 자신만의 차별화된 스토리가 직무적합도와 조직적합도에 얼마만큼 부합하는지에 성패가 달려 있다. 올바른 방향으로 나아가기 위해 인식 전환이 선행되어야 한다.

일만 시간의 법칙이 양적 기준에서 질적 개념으로 바뀌었다고 설명했다. 3차 산업혁명 시대까지는 근면과 성실을 기초로 일만 시간이라는 '오랜 시간 투자'가 미덕이었다면 4차 산업혁명 시대에는 '올바른 방법'과 '시간 투자'가 병행되어야 한다. 양적 개념의 일만 시간의 법칙은 '저인망식 준비'이다. 저인망식 준비가 잘못되었다는 것은 아니다. 구석구석까지 샅샅이 살피고 준비한다는 데 그 누가 잘못되었다고 비난하겠는가? 충분히 가치가 있다. 준비할 수만 있다면 말이다.

4차 산업혁명 시대는 기하급수적 변화로 어제와 다른 오늘일 뿐 아니라 내일은 어떤 모습으로 하루가 시작될지 궁금증과 함께 기대감을 가지게 할 만큼 빠르게 변한다. 이런 기하급수시대에 저인망식 준비는 다소 낭비적 요소가 있지는 않을까 내심 고민스러운 것이 사실이다.

질적 개념의 일만 시간 법칙은 어군탐지기를 탑재한 '낚시형 준비'이다. 어디에 고기가 있는지를 알고 채비를 준비하고 출조한다. 오늘 상대할 어종에 따라 낚시 바늘, 먹이, 낚시줄을 선택하고 준비한다. 기하급수시대에 적합한 방법이다. 올바른 방법이 무엇인지 검색과 사색, 탐색을 통해 선택하고 필요한 시간 만큼 효율적으로 투자할 때 원하는 성과를 낼 수 있다.

기업은 「경험 크기」보다 「깨달음의 크기」에 더 큰 관심을 갖는다

취업준비생들 착각 중 하나는 경험의 크기이다. 무조건 큰 경험을 찾으려고 한다. 이 또한 정답을 맞추려는 잘못된 인식에서 비롯된다. 아무리 경험이 크더라도 느낀 점이 없다면 성장의 자양분이 될 수 없다는 것을 기업은 너무나 잘 알고 있다. 아주 사소한 일이라도 세밀하게 관찰하고 더 성장할 수 있는 동기부여로 활용할 수 있다면 기업이 찾는 '노마드형 인재'로서 자질을 갖추었다고 할 수 있다.

깨달음은 과거에 대한 회고이자 미래에 대한 계획이다. 과거의 데이터와 정보를 수집하고 분석하여 미래 성장의 지혜로 재탄생시키는 과정이 깨달음이다. 기업은 이 깨달음에서 지원자의 미래 성장성을 가늠해 본다. 분명 오늘의 지원자가 있기까지 숱한 깨달음 과정이 존재해 왔다. 다만 자신이 느끼지 못할 뿐이다. 검색과 사색을 통해 망각의 수면 아래에서 잊혀졌던 깨달음을 끌어 올려야 한다. 다양한 깨달음을 하나의 주제로 엮어낼 때 자신만의 차별화된 성장 과정을 설명할 수 있으며 왜 지원하게 되었는지, 성격의 장단점은 무엇인지, 성공했을 때 또는 실패했을 때 어떻게 대처했는지가 주마등처럼 스쳐 간다. 어떤 형태의 질문이라도 솔직 담백하고 구체적이며 명확하게 대답할 준비가 된 것이나 진배없다.

'타산지석(他山之石)'이라는 4자성어를 잘 알 것이다. 다른 산에서 나는 거칠고 쓸모없는 돌이라 하더라도 자신에게는 아주 중요한 쓰임새로 활용될 수 있다는 의미이다. 틀린 것이 아니라 자신이 어떻게 받아들이느냐에 따라 결과는 양극단점을 치달을 수도 있다. 20대는 완성되어 가는 과정으로 무엇이든지 채워가는 시간이자 스폰지(sponge)처럼 학습력이 뛰어난 시기이다. 자기 것으로 만드는 과정이 깨우침이다. 비록 작은 경험이라 하더라도 큰 깨달음으로 가치관과 인성을 살찌운다면 경험의 빈곤에서 헤어날 수 있을 뿐 아니라 차별화된 경험으로 재탄생하게 된다.

이 책은 정답이 없다. 지금까지 자신만의 방법으로 켜켜이 쌓아 온 다양한 경험과 깨달음을 차분하고 차별화된 스토리로 전개할 수 있도록 먼지를 털어내고, 가지런히 정리하고, 유사한 것들끼리 묶음으로 만들어 보기도 하고, 반대로 흐트려 놓고 생김새는 어떠한지 특성이 무엇인지 먼 발치에서 바라보는 등 방법을 공유한다. 고기 잡는 방법이 이해될 때 강이나 바다와 같이 장소가 다르다는 것에 흔들림이 없을 뿐 아니라 어떤 어종이라도 충분히 대응할 수 있으며 갑자기 조건이 바뀌더라도 개념치 않게 된다. 필자와 함께 하는 취업준비생들 모두에게 좋은 일 가득하길 기대해본다.